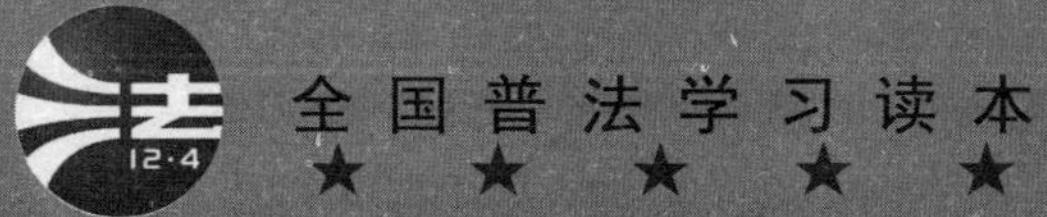

学校管理法律法规学习读本

学校德育艺教法律法规

叶浦芳　主编

加大全民普法力度，建设社会主义法治文化，树立宪法法律至上、法律面前人人平等的法治理念。

——中国共产党第十九次全国代表大会《决胜全面建成小康社会　夺取新时代中国特色社会主义伟大胜利》

汕頭大學出版社

图书在版编目（CIP）数据

学校德育艺教法律法规 / 叶浦芳主编 . -- 汕头 : 汕头大学出版社，2023. 4（重印）

（学校管理法律法规学习读本）

ISBN 978-7-5658-3326-7

Ⅰ. ①学… Ⅱ. ①叶… Ⅲ. ①德育工作-法规-中国-学习参考资料②健康教育-教育工作-法规-中国-学习参考资料③艺术教育-教育工作-法规-中国-学习参考资料 Ⅳ. ①D922. 164

中国版本图书馆 CIP 数据核字（2018）第 000739 号

学校德育艺教法律法规　　XUEXIAO DEYU YIJIAO FALÜ FAGUI

主　　编：叶浦芳
责任编辑：汪艳蕾
责任技编：黄东生
封面设计：大华文苑
出版发行：汕头大学出版社
广东省汕头市大学路 243 号汕头大学校园内　邮政编码：515063
电　　话：0754-82904613
印　　刷：三河市元兴印务有限公司
开　　本：690mm×960mm 1/16
印　　张：18
字　　数：226 千字
版　　次：2018 年 1 月第 1 版
印　　次：2023 年 4 月第 2 次印刷
定　　价：59. 60 元（全 2 册）
ISBN 978-7-5658-3326-7

前言

习近平总书记指出："推进全民守法，必须着力增强全民法治观念。要坚持把全民普法和守法作为依法治国的长期基础性工作，采取有力措施加强法制宣传教育。要坚持法治教育从娃娃抓起，把法治教育纳入国民教育体系和精神文明创建内容，由易到难、循序渐进不断增强青少年的规则意识。要健全公民和组织守法信用记录，完善守法诚信褒奖机制和违法失信行为惩戒机制，形成守法光荣、违法可耻的社会氛围，使遵法守法成为全体人民共同追求和自觉行动。"

中共中央、国务院曾经转发了中央宣传部、司法部关于在公民中开展法治宣传教育的规划，并发出通知，要求各地区各部门结合实际认真贯彻执行。通知指出，全民普法和守法是依法治国的长期基础性工作。深入开展法治宣传教育，是全面建成小康社会和新农村的重要保障。

普法规划指出：各地区各部门要根据实际需要，从不同群体的特点出发，因地制宜开展有特色的法治宣传教育坚持集中法治宣传教育与经常性法治宣传教育相结合，深化法律进机关、进乡村、进社区、进学校、进企业、进单位的"法律六进"主题活动，完善工作标准，建立长效机制。

特别是农业、农村和农民问题，始终是关系党和人民事业发展的全局性和根本性问题。党中央、国务院发布的《关于推进社会主义新农村建设的若干意见》中明确提出要"加强农村法制建设，深入开展农村普法教育，增强农民的法制观念，提高农民依法行使权利和履行义务的自觉性。"多年普法实践证明，普及法律知识，提高法制观念，增强全社会依法办事意识具有重要作用。特别是在广大农村进行普法教育，是提高全民法律素质的需要。

多年来，我国在农村实行的改革开放取得了极大成功，农村发生了翻天覆地的变化，广大农民生活水平大大得到了提高。但是，由于历史和社会等原因，现阶段我国一些地区农民文化素质还不高，不学法、不懂法、不守法现象虽然较原来有所改变，但仍有相当一部分群众的法制观念仍很淡化，不懂、不愿借助法律来保护自身权益，这就极易受到不法的侵害，或极易进行违法犯罪活动，严重阻碍了全面建成小康社会和新农村步伐。

为此，根据党和政府的指示精神以及普法规划，特别是根据广大农村农民的现状，在有关部门和专家的指导下，特别编辑了这套《全国普法学习读本》。主要包括了广大人民群众应知应懂、实际实用的法律法规。为了辅导学习，附录还收入了相应法律法规的条例准则、实施细则、解读解答、案例分析等；同时为了突出法律法规的实际实用特点，兼顾地方性和特殊性，附录还收入了部分某些地方性法律法规以及非法律法规的政策文件、管理制度、应用表格等内容，拓展了本书的知识范围，使法律法规更“接地气”，便于读者学习掌握和实际应用。

在众多法律法规中，我们通过甄别，淘汰了废止的，精选了最新的、权威的和全面的。但有部分法律法规有些条款不适应当下情况了，却没有颁布新的，我们又不能擅自改动，只得保留原有条款，但附录却有相应的补充修改意见或通知等。众多法律法规根据不同内容和受众特点，经过归类组合，优化配套。整套普法读本非常全面系统，具有很强的学习性、实用性和指导性，非常适合用于广大农村和城乡普法学习教育与实践指导。总之，是全国全民普法的良好读本。

目　　录

中小学德育工作规程

学生法制教育

学生健康教育

学校艺术教育工作规程

中小学校电化教育规程

中小学德育工作规程

中华人民共和国教育部令

第30号

《教育部关于修改和废止部分规章的决定》已经2010年12月13日第28次部长办公会议审议通过，现予公布，自公布之日起施行。

教育部部长

二〇一〇年十二月十三日

（1998年3月16日教育部发布；根据2010年12月13日教育部公布的《教育部关于废止和修改部分规章的决定》修正）

第一章　总　则

第一条　为加强中小学德育工作，依据《中华人民共和国教育法》及有关规定制定本规程。

第二条　德育即对学生进行政治、思想、道德和心理品质教育，是中小学素质教育的重要组成部分，对青少年学生健康成长和学校工作起着导向、动力、保证作用。

第三条 中小学德育工作必须坚持以马列主义、毛泽东思想和邓小平理论为指导，把坚定正确的政治方向放在第一位。

第四条 中小学德育工作要坚持从本地区实际和青少年儿童的实际出发，遵循中小学生思想品德形成的规律和社会发展的要求，整体规划中小学德育体系。

第五条 中小学德育工作的基本任务是，培养学生成为热爱社会主义祖国、具有社会公德、文明行为习惯、遵纪守法的公民。在这个基础上，引导他们逐步确立正确的世界观、人生观、价值观，不断提高社会主义思想觉悟，并为使他们中的优秀分子将来能够成为坚定的共产主义者奠定基础。

第六条 小学、初中、高中阶段具体的德育目标、德育内容、德育实施途径等均遵照国家教育委员会颁布的《小学德育纲要》、《中学德育大纲》施行。

第七条 中小学德育工作要注意同智育、体育、美育、劳动教育等紧密结合，要注意同家庭教育、社会教育紧密结合，积极争取有关部门的支持，促进形成良好的社区育人环境。

第八条 中小学德育的基本内容和基本要求应当在保持相对稳定的基础上，根据形势的发展不断充实和完善。

第九条 德育科研是中小学德育工作的重要组成部分，应当在马列主义、毛泽东思想和邓小平理论指导下，为教育行政部门的决策服务。

第二章 管理职责

第十条 国务院教育行政部门负责制定全国中小学德育工作的方针政策和基本规章，宏观指导全国的中小学德育工作、校外教育工作、工读教育工作。

第十一条 国务院教育行政部门和省级人民政府教育行政部门应设立或确定主管中小学德育工作的职能机构，地市级和县级人民政府教育行政部门根据本地区的实际，设立或确定主管中小学德育工作的职能机构，也可由专职人员管理。

第十二条 各级教育行政部门要充分发挥德育科学研究部门和学术团体的作用，鼓励德育科研人员与教育行政管理人员和中小学教师密切合作开展课题的研究，还要为德育科研人员参加国内外学术交流活动创造条件。

第十三条 各级教育督导部门要定期开展中小学德育专项督导检查，建立切实可行的德育督导评估制度。

第十四条 中小学校的德育工作应实行校长负责的领导管理体制。中小学校长要全面贯彻教育方针，主持制定切实可行的德育工作计划，组织全体教师、职工，通过课内外、校内外各种教育途径，实施《小学德育纲要》、《中学德育大纲》。

第十五条 普通中学要明确专门机构主管德育工作。城市小学、农村乡镇中心小学应有一名教导主任分管德育工作。

第十六条 少先队和共青团工作是中小学德育工作的重要组成部分。中小学校要充分发挥少先队和共青团组织协助学校开展思想政治教育工作的作用。

第十七条 中小学校应通过书面征询、重点调查、访谈等多种方式了解社会各界对学校德育工作的评价以及学生毕业后的品德表现，不断改进德育工作。

第三章 思想品德课和思想政治课

第十八条 思想品德课、思想政治课是小学生和中学生的必修课程。思想品德课和思想政治课的教材包括：课本、教学参考书、教学挂图和图册、音像教材、教学软件等。

第十九条 国务院教育行政部门指导思想品德课、思想政治课课程建设；组织审定（查）思想品德课、思想政治课教材。

第二十条 地方各级人民政府教育行政部门，具体指导思想品德课和思想政治课的教学工作，贯彻落实国务院教育行政部门颁布的课程教学计划、《课程标准》。

各级教学研究机构中的思想品德课和思想政治课教研员具体组织教师的培训工作、开展教学研究和教学评估，帮助教师不断提高教学质量，有计划地培养骨干教师和学科带头人。

第二十一条 中小学校必须按照课程计划开设思想品德课和思想政治课，不得减少课时或挪作它用。中小学校要通过思想品德课和思想政治课考核，了解学生对所学基本知识和基本理论常识的理解程度及其运用的基本能力。

第四章 常规教育

第二十二条 中小学校必须遵照《中华人民共和国国旗法》及国家教育委员会《关于施行〈中华人民共和国国旗法〉严格中小学升降国旗制度的通知》要求，建立升降国旗制度。

第二十三条 中小学校每年应当结合国家的重要节日、纪念日及各民族传统节日，引导学生开展丰富多彩的教育活动，并逐步形成制度。

第二十四条 各级教育行政部门和中小学校应切实保证校会、班会、团（队）会、社会实践的时间。小学、初中、高中每学年应分别用1–3天、5天、7天的时间有计划地组织学生到德育基地、少年军校或其他适宜的场所进行参观、训练等社会实践活动。

第二十五条 各级教育行政部门和中小学校要认真贯彻落实《中小学生守则》、《小学生日常行为规范（修订）》、《中学生日常行为规范（修订）》，形成良好的校风。

第二十六条 中小学应实行定期评定学生品德行为和定期评选“三好”学生、优秀学生干部（中学）、优秀班集体的制度。评定的标准、方法、程序，依据《中学德育大纲》和《小学德育纲要》施行。学生的品德行为评定结果应当通知本人及其家长，记入学生手册，并作为学生升学、

就业、参军的品德考查依据之一。

第二十七条 中小学校应当严肃校纪。对严重违犯学校纪律，屡教不改的学生应当根据其所犯错误的程度给予批评教育或者纪律处分，并将处分情况通知学生家长。受处分学生已改正错误的，要及时撤销其处分。

第五章 队伍建设与管理

第二十八条 中小学教师是学校德育工作的基本力量。学校党组织的负责人、主管德育工作的行政人员、思想品德课和思想政治课教师、班主任、共青团团委书记和少先队大队辅导员是中小学校德育工作的骨干力量。中小学德育工作者要注重德育的科学研究，各级教育行政部门要努力培养造就中小学德育专家、德育特级教师和高级教师，要创造条件不断提高思想品德课和思想政治课教师的教学水平。

第二十九条 中小学教师要认真遵守《中小学教师职业道德规范》，爱岗敬业，依法执教，热爱学生，尊重家长，严谨治学，团结协作，廉洁从教，为人师表。

第三十条 中小学校思想品德课和思想政治课教师除应具备国家法定的教师资格外，还应具有一定的马克思主义理论修养，较丰富的社会科学知识和从事德育工作的能力。

第三十一条 各级教师进修学校和中小学教师培训机构要承担

培养、培训思想品德课和思想政治课教师的任务。

第三十二条 中小学校要建立、健全中小学班主任的聘任、培训、考核、评优制度。各级教育行政部门对长期从事班主任工作的教师应当给予奖励。

第三十三条 思想品德课和思想政治课教师及其它专职从事德育工作的教师应当按教师系列评聘教师职务。中小学教师职务评聘工作的政策要有利于加强学校的德育工作，要有利于鼓励教师教书育人。在评定职称、职级时，教师担任班主任工作的实绩应做为重要条件予以考虑。各级教育行政部门对做出突出成绩的思想品德课和思想政治课教师应当给予表彰。

第三十四条 中小学校全体教师、职工都有培养学生良好品德的责任。学校要明确规定教师、职工通过教学、管理、服务工作对学生进行品德教育的职责和要求，并认真核查落实。

第六章 物质保证

第三十五条 各级教育行政部门和中小学校要为开展德育工作提供经费保证。

第三十六条 各级教育行政部门和学校要不断完善、优化教育手段，提供德育工作所必须的场所、设施，建立德育资料库。中小学校要为思想品德课和思想政治课教师订阅必备的教学参考书、报刊杂志，努力配齐教学仪器设备。

第三十七条 中小学校应在校园内适当位置设立旗台、旗杆，张贴中小学生守则和中小学生日常行为规范。教室内要挂国旗。校园环境建设要有利于陶冶学生的情操，培养良好的文明行为。

第三十八条 各级教育行政部门应当会同有关部门，结合当地的实际情况和特点，建立中小学生德育基地，为学生社会实践活动提供场所。

第七章　学校、家庭与社会

第三十九条　中小学校要通过建立家长委员会、开办家长学校、家长接待日、家长会、家庭访问等方式帮助家长树立正确的教育思想，改进教育方法，提高家庭教育水平。

各级教育行政部门要利用报刊、广播电台、电视台等大众传媒大力普及家庭教育的科学常识；要与工会、妇联组织密切合作，落实《家长教育行为规范》。

第四十条　各级教育行政部门和学校要积极争取、鼓励社会各界和各方面人士以各种方式对中小学德育工作提供支持，充分利用社会上各种适宜教育的场所，开展有益于学生身心健康的活动；引导大众传媒为中小学生提供有益的精神文明作品；积极参与建立社区教育委员会的工作，优化社区育人环境。

第八章　附　则

第四十一条　本规程自 1998 年 4 月 1 日起实行。

附　录

中小学德育工作指南

教育部关于印发《中小学德育工作指南》的通知

教基〔2017〕8号

各省、自治区、直辖市教育厅（教委），新疆生产建设兵团教育局：

为全面贯彻党的十八大和十八届三中、四中、五中、六中全会精神，深入贯彻落实习近平总书记系列重要讲话精神，落实立德树人根本任务，不断增强中小学德育工作的时代性、科学性和实效性，经研究，我部制定了《中小学德育工作指南》。现印发给你们，请认真贯彻落实。

该《指南》是指导中小学德育工作的规范性文件，适用于所有普通中小学。各地要加强组织实施，将《指南》作为学校开展德育工作的基本遵循，纳入校长和教师培训的重要内容，并将其作为教育行政部门对中小学德育工作进行督导评价的重要依据，进一步提高中小学德育工作水平。

请将贯彻落实情况及时报我部。

教育部

2017年8月17日

为深入贯彻落实立德树人根本任务，加强对中小学德育工作的指导，切实将党和国家关于中小学德育工作的要求落细落小落实，着力构建方向正确、内容完善、学段衔接、载体丰富、常态开展的德育工作体系，大力促进德育工作专业化、规范化、实效化，努力形成全员育人、全程育人、全方位育人的德育工作格局，特制定本指南。

一、指导思想

全面贯彻党的十八大和十八届三中、四中、五中、六中全会精神，深入贯彻习近平总书记系列重要讲话精神和治国理政新理念新思想新战略，始终坚持育人为本、德育为先，大力培育和践行社会主义核心价值观，以培养学生良好思想品德和健全人格为根本，以促进学生形成良好行为习惯为重点，以落实《中小学生守则（2015年修订）》为抓手，坚持教育与生产劳动、社会实践相结合，坚持学校教育与家庭教育、社会教育相结合，不断完善中小学德育工作长效机制，全面提高中小学德育工作水平，为中国特色社会主义事业培养合格建设者和可靠接班人。

二、基本原则

（一）坚持正确方向。加强党对中小学校的领导，全面贯彻党的教育方针，坚持社会主义办学方向，牢牢把握中小学思想政治和德育工作主导权，保证中小学校成为坚持党的领导的坚强阵地。

（二）坚持遵循规律。符合中小学生年龄特点、认知规律和教育规律，注重学段衔接和知行统一，强化道德实践、情感培育和行为习惯养成，努力增强德育工作的吸引力、感染力和针对性、实效性。

（三）坚持协同配合。发挥学校主导作用，引导家庭、社会增强育人责任意识，提高对学生道德发展、成长成人的重视程度和参与度，形成学校、家庭、社会协调一致的育人合力。

（四）坚持常态开展。推进德育工作制度化常态化，创新途径和载体，将中小学德育工作要求贯穿融入到学校各项日常工作中，努力形成一以贯之、久久为功的德育工作长效机制。

三、德育目标

(一) 总体目标

培养学生爱党爱国爱人民，增强国家意识和社会责任意识，教育学生理解、认同和拥护国家政治制度，了解中华优秀传统文化和革命文化、社会主义先进文化，增强中国特色社会主义道路自信、理论自信、制度自信、文化自信，引导学生准确理解和把握社会主义核心价值观的深刻内涵和实践要求，养成良好政治素质、道德品质、法治意识和行为习惯，形成积极健康的人格和良好心理品质，促进学生核心素养提升和全面发展，为学生一生成长奠定坚实的思想基础。

(二) 学段目标

小学低年级

教育和引导学生热爱中国共产党、热爱祖国、热爱人民，爱亲敬长、爱集体、爱家乡，初步了解生活中的自然、社会常识和有关祖国的知识，保护环境，爱惜资源，养成基本的文明行为习惯，形成自信向上、诚实勇敢、有责任心等良好品质。

小学中高年级

教育和引导学生热爱中国共产党、热爱祖国、热爱人民，了解家乡发展变化和国家历史常识，了解中华优秀传统文化和党的光荣革命传统，理解日常生活的道德规范和文明礼貌，初步形成规则意识和民主法治观念，养成良好生活和行为习惯，具备保护生态环境的意识，形成诚实守信、友爱宽容、自尊自律、乐观向上等良好品质。

初中学段

教育和引导学生热爱中国共产党、热爱祖国、热爱人民，认同中华文化，继承革命传统，弘扬民族精神，理解基本的社会规范和道德规范，树立规则意识、法治观念，培养公民意识，掌握促进身心健康发展的途径和方法，养成热爱劳动、自主自立、意志坚强的生活态度，形成尊重他人、乐于助人、善于合作、勇于创新等良好品质。

高中学段

教育和引导学生热爱中国共产党、热爱祖国、热爱人民，拥护中国特色社会主义道路，弘扬民族精神，增强民族自尊心、自信心和自豪感，增强公民意识、社会责任感和民主法治观念，学习运用马克思主义基本观点和方法观察问题、分析问题和解决问题，学会正确选择人生发展道路的相关知识，具备自主、自立、自强的态度和能力，初步形成正确的世界观、人生观和价值观。

四、德育内容

（一）理想信念教育。开展马列主义、毛泽东思想学习教育，加强中国特色社会主义理论体系学习教育，引导学生深入学习习近平总书记系列重要讲话精神，领会党中央治国理政新理念新思想新战略。加强中国历史特别是近现代史教育、革命文化教育、中国特色社会主义宣传教育、中国梦主题宣传教育、时事政策教育，引导学生深入了解中国革命史、中国共产党史、改革开放史和社会主义发展史，继承革命传统，传承红色基因，深刻领会实现中华民族伟大复兴是中华民族近代以来最伟大的梦想，培养学生对党的政治认同、情感认同、价值认同，不断树立为共产主义远大理想和中国特色社会主义共同理想而奋斗的信念和信心。

（二）社会主义核心价值观教育。把社会主义核心价值观融入国民教育全过程，落实到中小学教育教学和管理服务各环节，深入开展爱国主义教育、国情教育、国家安全教育、民族团结教育、法治教育、诚信教育、文明礼仪教育等，引导学生牢牢把握富强、民主、文明、和谐作为国家层面的价值目标，深刻理解自由、平等、公正、法治作为社会层面的价值取向，自觉遵守爱国、敬业、诚信、友善作为公民层面的价值准则，将社会主义核心价值观内化于心、外化于行。

（三）中华优秀传统文化教育。开展家国情怀教育、社会关爱教育和人格修养教育，传承发展中华优秀传统文化，大力弘扬核心思想理念、中华传统美德、中华人文精神，引导学生了解中华优秀传统文化的历史渊源、发展脉络、精神内涵，增强文化自觉和文化自信。

（四）生态文明教育。加强节约教育和环境保护教育，开展大气、土地、水、粮食等资源的基本国情教育，帮助学生了解祖国的大好河山和地理地貌，开展节粮节水节电教育活动，推动实行垃圾分类，倡导绿色消费，引导学生树立尊重自然、顺应自然、保护自然的发展理念，养成勤俭节约、低碳环保、自觉劳动的生活习惯，形成健康文明的生活方式。

（五）心理健康教育。开展认识自我、尊重生命、学会学习、人际交往、情绪调适、升学择业、人生规划以及适应社会生活等方面教育，引导学生增强调控心理、自主自助、应对挫折、适应环境的能力，培养学生健全的人格、积极的心态和良好的个性心理品质。

五、实施途径和要求

（一）课程育人

充分发挥课堂教学的主渠道作用，将中小学德育内容细化落实到各学科课程的教学目标之中，融入渗透到教育教学全过程。

严格落实德育课程。按照义务教育、普通高中课程方案和标准，上好道德与法治、思想政治课，落实课时，不得减少课时或挪作它用。

要围绕课程目标联系学生生活实际，挖掘课程思想内涵，充分利用时政媒体资源，精心设计教学内容，优化教学方法，发展学生道德认知，注重学生的情感体验和道德实践。

发挥其它课程德育功能。要根据不同年级和不同课程特点，充分挖掘各门课程蕴含的德育资源，将德育内容有机融入到各门课程教学中。

语文、历史、地理等课要利用课程中语言文字、传统文化、历史地理常识等丰富的思想道德教育因素，潜移默化地对学生进行世界观、人生观和价值观的引导。

数学、科学、物理、化学、生物等课要加强对学生科学精神、科学方法、科学态度、科学探究能力和逻辑思维能力的培养，促进学生树立勇于创新、求真求实的思想品质。

音乐、体育、美术、艺术等课要加强对学生审美情趣、健康体魄、意志品质、人文素养和生活方式的培养。

外语课要加强对学生国际视野、国际理解和综合人文素养的培养。

综合实践活动课要加强对学生生活技能、劳动习惯、动手实践和合作交流能力的培养。

用好地方和学校课程。要结合地方自然地理特点、民族特色、传统文化以及重大历史事件、历史名人等，因地制宜开发地方和学校德育课程，引导学生了解家乡的历史文化、自然环境、人口状况和发展成就，培养学生爱家乡、爱祖国的感情，树立维护祖国统一、加强民族团结的意识。

统筹安排地方和学校课程，开展法治教育、廉洁教育、反邪教教育、文明礼仪教育、环境教育、心理健康教育、劳动教育、毒品预防教育、影视教育等专题教育。

（二）文化育人

要依据学校办学理念，结合文明校园创建活动，因地制宜开展校园文化建设，使校园秩序良好、环境优美，校园文化积极向上、格调高雅，提高校园文明水平，让校园处处成为育人场所。

优化校园环境。学校校园建筑、设施、布置、景色要安全健康、温馨舒适，使校园内一草一木、一砖一石都体现教育的引导和熏陶。

学校要有升国旗的旗台和旗杆。建好共青团、少先队活动室。积极建设校史陈列室、图书馆（室）、广播室、学校标志性景观。

学校、教室要在明显位置张贴社会主义核心价值观24字、《中小学生守则（2015年修订）》。教室正前上方有国旗标识。

要充分利用板报、橱窗、走廊、墙壁、地面等进行文化建设，可悬挂革命领袖、科学家、英雄模范等杰出人物的画像和格言，展示学生自己创作的作品或进行主题创作。

营造文化氛围。凝练学校办学理念，加强校风教风学风建设，形成引导全校师生共同进步的精神力量。

鼓励设计符合教育规律、体现学校特点和办学理念的校徽、校训、校规、校歌、校旗等并进行教育展示。

创建校报、校刊进行宣传教育。可设计体现学校文化特色的校服。

建设班级文化，鼓励学生自主设计班名、班训、班歌、班徽、班级口号等，增强班级凝聚力。

推进书香班级、书香校园建设，向学生推荐阅读书目，调动学生阅读积极性。提倡小学生每天课外阅读至少半小时、中学生每天课外阅读至少1小时。

建设网络文化。积极建设校园绿色网络，开发网络德育资源，搭建校园网站、论坛、信箱、博客、微信群、QQ群等网上宣传交流平台，通过网络开展主题班（队）会、冬（夏）令营、家校互动等活动，引导学生合理使用网络，避免沉溺网络游戏，远离有害信息，防止网络沉迷和伤害，提升网络素养，打造清朗的校园网络文化。

（三）活动育人

要精心设计、组织开展主题明确、内容丰富、形式多样、吸引力强的教育活动，以鲜明正确的价值导向引导学生，以积极向上的力量激励学生，促进学生形成良好的思想品德和行为习惯。

开展节日纪念日活动。利用春节、元宵、清明、端午、中秋、重阳等中华传统节日以及二十四节气，开展介绍节日历史渊源、精神内涵、文化习俗等校园文化活动，增强传统节日的体验感和文化感。

利用植树节、劳动节、青年节、儿童节、教师节、国庆节等重大节庆日集中开展爱党爱国、民族团结、热爱劳动、尊师重教、爱护环境等主题教育活动。

利用学雷锋纪念日、中国共产党建党纪念日、中国人民解放军建军纪念日、七七抗战纪念日、九三抗战胜利纪念日、九一八纪念日、烈士纪念日、国家公祭日等重要纪念日，以及地球日、环境日、健康日、国家安全教育日、禁毒日、航天日、航海日等主题日，设计开展相关主题教育活动。

开展仪式教育活动。仪式教育活动要体现庄严神圣，发挥思想政治引领和道德价值引领作用，创新方式方法，与学校特色和学生个性展示相结合。

严格中小学升挂国旗制度。除寒暑假和双休日外，应当每日升挂国旗。除假期外，每周一及重大节会活动要举行升旗仪式，奏唱国歌，开展向国旗敬礼、国旗下宣誓、国旗下讲话等活动。

入团、入队要举行仪式活动。

举办入学仪式、毕业仪式、成人仪式等有特殊意义的仪式活动。

开展校园节（会）活动。举办丰富多彩、寓教于乐的校园节（会）活动，培养学生兴趣爱好，充实学生校园生活，磨练学生意志品质，促进学生身心健康发展。

学校每学年至少举办一次科技节、艺术节、运动会、读书会。可结合学校办学特色和学生实际，自主开发校园节（会）活动，做好活动方案和应急预案。

开展团、队活动。加强学校团委对学生会组织、学生社团的指导管理。明确中学团委对初中少先队工作的领导职责，健全初中团队衔接机制。确保少先队活动时间，小学 1 年级至初中 2 年级每周安排 1 课时。

发挥学生会作用，完善学生社团工作管理制度，建立体育、艺术、科普、环保、志愿服务等各类学生社团。学校要创造条件为学生社团提供经费、场地、活动时间等方面保障。

要结合各学科课程教学内容及办学特色，充分利用课后时间组织学生开展丰富多彩的科技、文娱、体育等社团活动，创新学生课后服务途径。

（四）实践育人

要与综合实践活动课紧密结合，广泛开展社会实践，每学年至少安排一周时间，开展有益于学生身心发展的实践活动，不断增强学生的社会责任感、创新精神和实践能力。

开展各类主题实践。利用爱国主义教育基地、公益性文化设施、公共机构、企事业单位、各类校外活动场所、专题教育社会实践基地等资源，开展不同主题的实践活动。

利用历史博物馆、文物展览馆、物质和非物质文化遗产地等开展中华优秀传统文化教育。

利用革命纪念地、烈士陵园（墓）等开展革命传统教育。

利用法院、检察院、公安机关等开展法治教育。

利用展览馆、美术馆、音乐厅等开展文化艺术教育。

利用科技类馆室、科研机构、高新技术企业设施等开展科普教育。

利用军事博物馆、国防设施等开展国防教育。

利用环境保护和节约能源展览馆、污水处理企业等开展环境保护教育。

利用交通队、消防队、地震台等开展安全教育。

利用养老院、儿童福利机构、残疾人康复机构等社区机构等开展关爱老人、孤儿、残疾人教育。

利用体育科研院所、心理服务机构、儿童保健机构等开展健康教育。

加强劳动实践。在学校日常运行中渗透劳动教育，积极组织学生参与校园卫生保洁、绿化美化，普及校园种植。

将校外劳动纳入学校的教育教学计划，小学、初中、高中每个学段都要安排一定时间的农业生产、工业体验、商业和服务业实习等劳动实践。

教育引导学生参与洗衣服、倒垃圾、做饭、洗碗、拖地、整理房间等力所能及的家务劳动。

组织研学旅行。把研学旅行纳入学校教育教学计划，促进研学旅行与学校课程、德育体验、实践锻炼有机融合，利用好研学实践基地，有针对性地开展自然类、历史类、地理类、科技类、人文类、体验类等多种类型的研学旅行活动。

要考虑小学、初中、高中不同学段学生的身心发展特点和能力，安排适合学生年龄特征的研学旅行。

要规范研学旅行组织管理，制定研学旅行工作规程，做到“活动有方案，行前有备案，应急有预案”，明确学校、家长、学生的责任和权利。

开展学雷锋志愿服务。要广泛开展与学生年龄、智力相适应的志愿服务活动。

发挥本校团组织、少先队组织的作用，抓好学生志愿服务的具体组织、实施、考核评估等工作。

做好学生志愿服务认定记录，建立学生志愿服务记录档案，加强学生志愿服务先进典型宣传。

（五）管理育人

要积极推进学校治理现代化，提高学校管理水平，将中小学德育工作的要求贯穿于学校管理制度的每一个细节之中。

完善管理制度。制定校规校纪，健全学校管理制度，规范学校治理行为，形成全体师生广泛认同和自觉遵守的制度规范。

制定班级民主管理制度，形成学生自我教育、民主管理的班级管理模式。

制定防治学生欺凌和暴力工作制度，健全应急处置预案，建立早期预警、事中处理及事后干预等机制。

会同相关部门建立学校周边综合治理机制，对社会上损害学生身心健康的不法行为依法严肃惩处。

明确岗位责任。建立实现全员育人的具体制度，明确学校各个岗位教职员工的育人责任，规范教职工言行，提高全员育人的自觉性。

班主任要全面了解学生，加强班集体管理，强化集体教育，建设良好班风，通过多种形式加强与学生家长的沟通联系。各学科教师要主动配合班主任，共同做好班级德育工作。

加强师德师风建设。培育、宣传师德标兵、教学骨干和优秀班主任、德育工作者等先进典型，引导教师争做“四有”好教师。

实行师德“一票否决制”，把师德表现作为教师资格注册、年度考核、职务（职称）评审、岗位聘用、评优奖励的首要标准。

细化学生行为规范。落实《中小学生守则（2015 年修订）》，鼓励结合实际制订小学生日常行为规范、中学生日常行为规范，教育引导学生熟知学习生活中的基本行为规范，践行每一项要求。

关爱特殊群体。要加强对经济困难家庭子女、单亲家庭子女、学习困难学生、进城务工人员随迁子女、农村留守儿童等群体的教育关爱，完善学校联系关爱机制，及时关注其心理健康状况，积极开展心理辅导，提供情感关怀，引导学生心理、人格积极健康发展。

（六）协同育人

要积极争取家庭、社会共同参与和支持学校德育工作，引导家长注重家庭、注重家教、注重家风，营造积极向上的良好社会氛围。

加强家庭教育指导。要建立健全家庭教育工作机制，统筹家长委员会、家长学校、家长会、家访、家长开放日、家长接待日等各种家校沟通渠道，丰富学校指导服务内容，及时了解、沟通和反馈学生思想状况和行为表现，认真听取家长对学校的意见和建议，促进家长了解学校办学理念、教育教学改进措施，帮助家长提高家教水平。

构建社会共育机制。要主动联系本地宣传、综治、公安、司法、民政、文化、共青团、妇联、关工委、卫计委等部门、组织，注重发挥党政机关和企事业单位领导干部、专家学者以及老干部、老战士、老专家、老教师、老模范的作用，建立多方联动机制，搭建社会育人平台，实现社会资源共享共建，净化学生成长环境，助力广大中小学生健康成长。

六、组织实施

加强组织领导。各级教育行政部门要把中小学德育工作作为教育系统党的建设的重要内容，摆上重要议事日程，加强指导和管理。学校要建立党组织主导、校长负责、群团组织参与、家庭社会联动的德育工作机制。学校党组织要充分发挥政治核心作用，切实加强对学校德育工作的领导，把握正确方向，推动解决重要问题。校长要亲自抓德育工作，规划、部署、推动学校德育工作落到实处。学校要完善党建带团建机制，加强共青团、少先队建设，在学校德育工作中发挥共青团、少先队的思想性、先进性、自主性、实践性优势。

加强条件保障。各级教育行政部门和学校要进一步改善学校办学条件，将德育工作经费纳入经费年度预算，完善优化教育手段，提供德育工作必需的场所、设施，订阅必备的参考书、报刊杂志，配齐相应的教学仪器设备等。

加强队伍建设。各级教育行政部门和学校要重视德育队伍人员培养选拔，优化德育队伍结构，建立激励和保障机制，调动工作积极性和创造性。要有计划地培训学校党组织书记、校长、德育干部、班主任、各科教师和少先队辅导员、中学团干部，组织他们学习党的教育方针、德育理论，提高德育工作专业化水平。

加强督导评价。各级教育行政部门要将学校德育工作开展情况纳入对学校督导的重要内容，建立区域、学校德育工作评价体系，适时开展专项督导评估工作。学校要认真开展学生的品德评价，纳入综合素质评价体系，建立学生综合素质档案，做好学生成长记录，反映学生成长实际状况。

加强科学研究。各级教育行政部门、教育科研机构和学校要组织力量开展中小学德育工作研究，探索新时期德育工作特点和规律，创新德育工作的途径和方法，定期总结交流研究成果，学习借鉴先进经验和做法，增强德育工作的科学性、系统性和实效性。

小学德育纲要

国家教委关于颁发《小学德育纲要》的通知

现将《小学德育纲要》正式颁发，从1993年秋季开学后在全国小学施行。正式施行前，请组织教育行政部门有关人员和小学校长、教师认真学习，并面向社会、家长做好宣传工作。

国家教育委员会

1993年3月26日

小学德育即学校对小学生进行的思想品德教育，它属于共产主义思想道德教育体系，是社会主义精神文明的奠基工程，是我国学校社会主义性质的一个标志。它贯穿于学校教育教学工作的过程和学习日常生活的各个方面，渗透在智育、体育、美育和劳动教育之中，与其它各育互相促进，相辅相成，对促进学生的全面发展，保证人才培养的正确方向，起着主导作用。

培养目标

培养学生初步具有爱祖国、爱人民、爱劳动、爱科学、爱社会主义的思想感情和良好品德遵守社会公德的意识和文明行为习惯；良好的意志、品格和活泼开朗的性格；自己管理自己、帮助别人，为集体服务和辩别是非的能力，为使他们成为德、智、体全面发展的社会主义事业的建设者和接班人，打下初步的良好思想品德基础。

基本内容和要求

小学德育主要是向学生进行以“爱祖国、爱人民、爱劳动、爱科学、爱社会主义”为基本内容的社会公德教育和有关的社会常识教育（包括必要的生活常识、浅湿的政治常识以及同小学生有关的法律常识），着重培养和训练学生良好的道德品质和文明行为习惯，教育学生心中有他人，心中有集体，心中有人民，心中有祖国。

一、热爱祖国的教育

教育学生知道自己是中国人，尊敬国旗、国徽，认识祖国版图，会唱国歌；初步了解家乡的物产、名胜古迹、著名人物，祖国的壮丽山河，悠久历史、灿烂文化和社会主义建设的伟大成就以及改革开放带来的巨大变化，培养热爱家乡、热爱祖国、热爱社会主义感情和民族自尊心、自豪感；知道历史上中华民族曾遭受帝国主义的欺辱和进行的英勇反抗，我国与世界发达国家的经济水平还有很大差距，社会主义现代化建设还会遇到很多困难，逐步树立长大为建设家乡、振兴中华做贡献的理想；知道我国是一个多民族的国家，各族人民要互相尊重，平等相待，完成祖国统一大业是各族人民的共同心愿；逐步懂得“祖国利益高于一切”爱护国家财产，立志保卫祖国，热爱和平，反对侵略战争。

二、热爱中国共产党的教育

教育学生知道中国共产党领导人民进行革命斗争，建立了新中国。现在正领导人民进行社会主义现代化建设，使学生懂得幸福生活是中国共产党领导人民取得的；学习老一辈无产阶级革命家和优秀共产党员英勇奋斗、艰苦创业、大公无私、坚持真理、全心全意为人民等高尚品质，培养热爱中国共产党的感情；知道中国共产党是中国少年先锋队的创建者和领导者，少先队员要接受党的教育，做党的好孩子。

三、热爱人民的教育

教育学生知道我国劳动人民在旧社会受剥削、受压迫，新社会人民是国家的主人，各族人民共同建设我们的国家；知道我国人民创造了中华文明，了解我国人民勤劳勇敢自强不息、不畏强暴、热爱和平等传统美德，培养热爱人民的感情；要尊重各行各业的劳动者，向先进人物学习，初步培养为人民服务的思想；要孝敬父母、尊敬师长、尊老爱幼、友爱同学、同情和帮助残废人、助人为乐、与各族少年儿童、外国小朋友友好相处。

四、热爱集体的教育

教育学生知道自己是集体中的一员，要热爱集体、关心集体，培养集体意识和为集体服务的能力；服从集体决定、遵守纪律、努力完成集体交给的任务，珍惜集体荣誉，为集体争光；在集体中团结、谦让、互助、合作、关心他人，积极参加集体活动，学习做集体的小主人。

五、热爱劳动、艰苦奋斗的教育

教育学生懂得劳动光荣，懒惰可耻，祖国建设离不开各行各业的劳动，幸福生活靠劳动创造；要热爱劳动，参加力所能及的自我服务劳动、家务劳动、公益劳动和简单的生产劳动，掌握一些简单的劳动技能，培养劳动习惯，爱护公物，勤俭节约，珍惜劳动成果；学习老一辈艰苦创业的优良传统，初步培养吃苦耐劳，艰苦奋斗的精神。

六、努力学习、热爱科学的教育

教育学生知道学习是学生的主要任务，是公民的权利和义务；初步懂得建设祖国、保卫祖国离不开文化科学知识，从小把自己的学习与实现社会主义现代化的思想联系起来，启发学生的学习兴趣的求知欲望；培养勤学好问、刻苦努力、专心踏实、认真仔细的学习态度和良好的学习习惯；热爱科学，相信科学，反对迷信，不参加各种封建迷信活动。

七、文明礼貌、遵守纪律的教育

教育学生关心、爱护、尊重他人，对人热情有礼貌，说话文明。会用礼貌用语，不打架、不骂人；初步掌握在家庭、学校、社会上待人接物的日常生活礼节；遵守学校纪律和公共秩序；讲究个人卫生，保持环境整洁；爱护公用设施、文物古迹，爱护花草、树木，保护有益动物。

八、民主与法制观念的启蒙教育

教育学生懂得在集体中要平等待人，有事和大家商量，少数服从多数，个人服从集体；在少先队组织里学习开展批评与自我批评，行使少先队员的权力，学习过民主生活，知道国家有法律，法律是保护人民利益的，公民要知法、守法，学习和遵守《中华人民共和国交通管理规则》、《中华人民共和国治安管理处罚条例》、《中华人民共和国道路交通管理条例》、《中华人民共和国义务教育法》和《中华人民共和国未成年人保护法》等法规中与小学生生活有关的规定。

九、良好的意志、品格的教育

教育学生要诚实、正直、谦虚、宽厚、有同情心，活泼、开朗、勇敢、坚强、有毅力、不怕困难、不任性、惜时守信、认真负责、自尊自爱、积极进取。

十、辨证唯物主义观点的启蒙教育

引导学生学习怎样正确看待周围常见的事物；初步学习全面地发展地看待问题的方法。

实施途径

学校实施德育必须充分发挥校内、校外各教育途径的作用，互相配合，形成合力，创造良好的教育环境，共同完成德育任务。

一、各科教学

各科教学是向学生进行思想品德教育最经常的途径。

思想品德是向学生比较系统地进行思想品德教育的一门重要课程。任课教师要以思想品德课教学大纲为依据，运用教材联系学生实际，着重培养学生的道德，情感，提高学生的道德认识和道德判断能力，以指导他们的行为。

其它各科教学对培养学生良好的思想品德素质具有重要作用。任课教师要在全部教学活动中，注意培养学生良好的学习态度、学习习惯和良好的意志品格，促使学生养成文明行为习惯；要根据各科教学大纲中关于思想品德教育的要求和教材中的教育因素，按各科自身的教学特点，自觉地、有机地在课堂教学中渗透思想品德教育。

语文教学贯彻文道统一的原则，将语言文字的训练，句段篇章的学习与思想品德教育统一于教学过程之中，利用课文内容中丰富的思想品德教育因素，充分发挥感染、陶冶作用，使学生受到教育。

数学教学最易于渗透辨证唯物主义观点的启蒙教育，并要通过数学训练，培养学生认真严谨，一丝不苟的学习态度和积极思维的良好习惯。

历史常识教学最易于具体、形象、生动地对学生进行热爱祖国、热爱中国共产党、热爱社会主义的教育，要通过教学，帮助学生了解中国古代科学技术、文化艺术方面的一些重大成就和对人类的杰出贡献；知道近代史上帝国主义列强野蛮侵略我国的主要罪行以及中国人民受欺凌的主要史实；知道中国人要抵御外侮，捍卫中华的重大斗争和一些仁人志士、革命先烈的事迹；知道中国人民在中国共产党的领导下，为建立新中国英勇奋斗的主要史实和社会主义建设的重大成就，教育学生学习中华民族的光荣传统和中国共产党的革命传统，激发他们的爱国情感，增强民族自尊心和自豪感。

地理常识教学易于具体、形象地对学生进行国情教育。要通过教学帮助学生初步了解我国和家乡的自然环境和建设成就，激发爱祖国、爱家乡的情感；初步了解我国和家乡的主要资源及其利用状况，初步认识合理利用资源和保护环境的重要；初步了解我国和家乡的人口数量和发展状况；初步懂得控制人口的重要性；初步了解我国是一个统一的多民族的国家，各民族一律平等，要共同维护祖国统一。

自然常识教学要在讲授自然常识的同时对学生进行热爱科学，反对迷信的教育，培养学生尊重科学、相信科学的精神和学科学、用科学的志趣及能力。

音乐美术教学要充分发挥艺术教育寓教于乐、生动形象、感人的优势，向学生展示中华民族的优秀艺术传统，培养健康的审美情趣，陶冶情操，增强学生的民族自豪感，激发热爱祖国，热爱中国共产党的感情。

体育教学要在体育技能技巧训练的同时，培养学生良好的卫生习惯，锻炼身体的习惯以及朝气蓬勃、不怕困难，勇敢顽强的精神，并通过体育活动进行集体主义教育，培养集体荣誉感、组织纪律性和合作精神。

劳动教学要把传授劳动知识技能与培养良好的劳动习惯结合起来，通过劳动实践活动，培养学生热爱劳动的思想、吃苦耐劳的精神、珍惜劳动成果的感情和对工作的责任，养成劳动习惯。

二、校级、班级教育和各种教育活动

校级教育是由学校组织的，结合学校实际，面向全校学生进行的教育工作，学校校长的有关负责人是校级教育工作的组织者和领导者，要认真贯彻本《纲要》、《小学生守则》、《小学生日常行为规范》，建立每周举行一次升旗仪式和每天升降国旗，时事政策教育，利用重大节日、纪念日举行全校性传统教育活动，定期举行主题校会等制度。要开辟教育陈列室，悬挂中国、世界地图的中外名人画像，并通过加强日常管理，建设整洁优美的校容、校貌，形成良好的校风，创造良好的教育环境。

班级教育是向全班学生进行经常性的思想品德教育和组织管理工作。班主任是班级教育工作的组织者和领导者。要全面了解学生，组织培养班集体，开展各种教育活动，加强班级管理，深入细致地做好个别学生的教育工作，建立和形成良好的班风；协调班级各方面的教育力量，保持教育的一致性，其它各科教师也要给予积极配合。

学校和班级要积极组织丰富多彩的适合小学生年龄特点的教育活动和劳动、社会实践活动，寓思想品德教育于活动之中，要依靠校内外的力量，组织各种兴趣小组，丰富学生的课余生活，培养和发展学生健康的兴趣爱好；要通过参观、访问、劳动、社会调查等活动，扩大学生的视野，帮助他们了解和认识社会；还应重视社会环境和社会信息对学生的影响，选择有益于学生身心健康的书籍、报刊、影视、文娱节目等，对学生进行生动、形象的思想品德教育，抵制各种不良影响。

三、少先队教育

少先队教育要按照队章的要求，加强队的组织教育，充分发挥其组织的作用。要运用其特有的教育手段，通过队员当家作主的集体生活和丰富多彩的活动来进行，少先队工作要与学校教育紧密配合。少先队辅导员是少先队工作的指导者，要充分发挥少先队员的积极性主动性、创造性。

四、家庭教育和校外教育

实施教育。学校教育与家庭教育、社会教育要相互配合，学校应起主导作用。

学校要指导家庭教育，帮助家长端正教育思想，改进教育方法，提高家庭教育水平。学校和教师要通过家长委员会、“家长学校”、家访、家长会等形式了解家长对子女进行教育的情况，向家长通报学校的教育要求，宣传和普及教育子女的知识，推广家长教育子女的成功经验，促使家庭教育与学校教育协调一致。

校外教育中的思想品德教育是学校教育的重要补充和扩展。学校和教师要主动和少年宫（家）、儿童少年活动中心、文化馆、科技馆、博物馆、图书馆、纪念馆、艺术馆、业余体校等校外教育单位建立联系，充分利用这些专用场所和教育设施，组织学生参加各种活动，在活动中接受教育。

学校和教师还应重视与革命老前辈、战斗英雄、劳动模范、科学家、企业家等建立联系，发挥他们对学生的榜样教育作用。这要争取关心下代协会等组织和机关、团体、部队、企事业街道、乡镇等单位的支持，开辟教育活动场所，共同创造良好的育人环境，提倡全社会关心下一代健康成长的新风尚。

教育原则

一、坚持正确的政治方向

要坚持以马列主义、毛泽东思想和党在社会主义初级阶段的基本路线为指导。遵照国家对小学生思想品德素质的基本要求，对学生进行思想品德教育，反对和抵制社会主义和封建主义等腐朽思想的影响。

二、热爱学生、了解学生

要热爱学生，以对祖国未来和对学生负责的态度，满腔热情地爱护并全面关心每一个学生，要信任和尊重学生，对缺点较多和有特殊情况的学生，更要亲近和帮助他们，切忌偏见和偏爱。要了解不同年级学生的年龄特点；了解他们的思想品德状况和日常行为表现；了解每个学生的性格和兴趣爱好等，有的放矢地进行教育。

三、加强针对性

要根据小学生年龄特点，遵循小学生生理心理发展的基本规律，动用生动感人的题材和形象化的方式对学生进行教育，不要给他们讲空洞的大道理和难以理解的政治概念，防止成人化；要针对不同年级学生的知识水平和理解能力，分清层次，由浅人深，由近及远，从具体到抽象，循环反复；不断加深；要针对不同地区的实际情况，学生的思想品德实际以及个性差异，提出不同的要求，采用不同的教育方法，坚持因材施教，避免一般化。

四、坚持正面教育

要对学生进行耐心细致的正面教育，坚持正面启发，积极诱导，使学生掌握正确的道德认识和道德行为标准，调动学生的积极因素；对缺点较多的学生更要鼓励他们积极向上，坚持以表扬为主；对学生的缺点和错误要给予批评并指出努力方向，但要注意防止简单粗暴，严禁体罚和变相体罚。

五、提高道德认识和行为训练相结合

在教育过程中，既要重视正面灌输，提高学生的道德认识，使他们懂得一些浅显的道理；同时也要相应提出一些合理、适度、具体、明确的行为要求，进行严格的管理和行为训练，引导他们参加力所能及的劳动和社会实践活动，使他们在道德行为实践中逐渐加深认识，养成良好的行为习惯。

六、集体教育与个别教育相结合

学生集体既是教育的对象，又是教育的手段。良好的集体是一种巨大的教育力量。教育者要重视培养学生集体，通过开展集体活动，建立正确的集体舆论，形成良好的风气和传统，发挥集体的教育作用，要调动每个学生的积极性，同时还要针对学生的不同情况进行个别指导，促使其个性在集体中得到充分发展，并初步培养他们自己教育自己的能力。

七、言传身教，为人师表

对学生进行思想品德教育是每一个教师的责任。全体教职员工都要树立教书育人的思想，把言传身教和教书育人结合起来。小学生模仿性强，只有以身作则，才能使教师的言传发挥更大的教育作用，才能使学生从教师的形象中感受到所学的道德准则可信，从而激励他们积极行动。

八、保持教育的连续性和一致性

学生思想品德的形成和发展，是长时间多方面教育影响的结果，学校内各年级的教育要注意承上启下，互相衔接；各条教育途径要互相联系，协调一致。

学生品德评定

品德评定是德育过程的一个重要环节，它包括操行评定和思想品德课考核两个方面。

操行评定每学期评一次，应根据本《纲要》及《小学生守则》、《小学生日常行为规范》的要求，经过学生个人集体和教师（包括班主任和各科教师）评定（含校外表现），最后由班主任写出评语，记入学生成绩册，通知本人和家长，并作为评选“三好”学生、升级、升学的依据之一。

思想品德课考核，应根据教学大纲和教材，着重考查学生的道德认识，考核成绩列入成绩册。

管理工作

一、校长对德育工作负有领导责任。校长不但要精通教学业务，而且要熟悉德育规律。要把学校德育状况作为考核校长工作的重要方面，学校在校长领导下，还要有人具体管理德育工作。校长要充分发挥德育骨干力量的作用，领导协调校内各条教育途径的工作，指导全体教职工言传身教，教书育人；指导家庭教育，争取社会有关力量的支持。

二、小学学区党支部要发挥政治核心作用，要加强组织建设和思想建设，健全党组织生活制度，充分发挥党支部的战斗堡垒作用和党、团员在学校德育工作中的模范带头作用。要切实加强对全体教职工的思想政治工作，充分调动他们的积极性，发挥共青团的组织作用。

三、全体教职工都是德育工作者，要在各自的岗位上做好德育工作，学校要把教书育人、管理育人、服务育人分别列入教职员工岗位职责范围内，并作为评估教师的工作，评聘教师职务、表彰奖励和晋级的重要依据之一。

四、学党支部书记、主管德育工作的校长、教导主任、少先队辅导员、思想品德教师和班主任是学校德育工作的骨干力量，要建立培训制度，不断提高他们的思想业务水平。

五、学校应根据本校实际情况建立德育管理制度，每学期都要做到有目标、有计划、有指导、有检查、有总结，及时交流和推广先进经验，解决工作中的困难和问题。

《纲要》实施

本《纲要》是小学德育工作的指导性文件，它是学校实施德育的依据，是家庭和社会配合学校对学生进行思想品德教育的依据，也是各级教育行政部门对小学德育督导和评估的依据，必须认真贯彻执行。

一、从实际出发。鉴于我国幅员广阔，各地情况差异较大，各级教育行政部门和学校，可根据实际情况，制定实施细则；也可对《纲要》的教育内容和要求进行分解，使之成为适合不同年级段，各有侧重的系列，并可补充一些乡土教育内容。学生品德评定的办法，各地可继续实验。

二、加强指导，各级教育行政部门要对各类小学实施《纲要》进行分类指导，确定专人负责，并把工作重点放在端正教育思想，培训骨干，提高班主任工作水平，总结交流经验等方面。

三、列入评估内容。教育行政部门要实施《纲要》的情况列入评估学校、考查教师的重要内容。作为评选先进的重要条件之一，成绩突出的思想品德教师和教研员可评为高级教师，德育工作卓有成效的校长、教导主任和教师可获人民教师奖章。

四、争取有关部门配合。各级教育行政部门在贯彻执行《纲要》时，要注意协调好与共青团、妇联、文化、广播电影电视、司法等有关部门之间的关系和各项教育活动，共同做好工作，对于社会上损害小学生身心健康的不法行为，要与有关部门积极配合，依照法律严肃惩处。

五、开展德育科学实验和理论研究。要结合实施《纲要》积极开展德育科学实验，加强理论研究，要将科（教）研单位、学校、教育行政三方面的力量组织起来，调查研究新情况、新问题探索新时期小学德育工作的特点和规律；要遵循继承、发展、改革、创新的原则，积极开展各种形式的学术讨论和理论研究活动，并对小学德育整体改革加以指导。

中学德育纲要

国家教委关于正式颁发中学德育大纲的通知

《中学德育大纲》(以下简称《大纲》)自1988年下发试行以来，取得了良好的效果，实践证明这个大纲对中学德育工作起到了积极的指导作用。现根据《中共中央关于进一步加强和改进学校德育工作的若干意见》等文件的精神及各地在试行中实践的经验，我们做了一些必要的修订。现正式颁发，并就贯彻实施的有关问题提出如下意见：

一、充分认识《大纲》在中学德育工作中的地位和作用。《大纲》规定了国家对中学德育工作和学生品德的基本要求，是学校、家庭、社会对中学生进行品德教育的基本依据，也是各级教育部门、督导部门对中学德育工作进行督导评估的基本标准。贯彻实施《大纲》有利于中学德育工作走向科学化、序列化、制度化；有利于保持中学德育工作的相对稳定性；也有利于进一步加强和改进中学德育工作。因此，各级教育行政部门和中学全体教职员工都要熟悉《大纲》的基本要求，并依此开展中学德育的各项工作。

二、从实际出发贯彻实施《大纲》。各地和学校应结合当地和学校实际，制定出分阶段、分年级实施细则和具体实施计划，以便使《大纲》更好地贯彻落实。

三、抓好中学德育骨干队伍的培训工作。中学德育是教育科学的重要组成部分。现在颁发的《大纲》是国家“六五”、“七五”教育科研规划的一个重要成果。《大纲》

不仅涉及教育学、德育学、心理学、社会学、哲学、伦理学等多方面的理论问题，还广泛涉及教育实践问题。因此，要采取多种方式开展培训工作，从理论与实践的结合上努力提高中学德育骨干队伍的水平，以增强贯彻实施《大纲》的自觉性。

四、要注意研究新情况、新问题。随着形势的发展，在贯彻实施《大纲》的过程中还会遇到许多新情况、新问题，因此还要注重调查研究，不断总结新鲜经验，以便今后进一步丰富、充实《大纲》的内容。

上述意见原则上也适用于《小学德育纲要》的贯彻实施。

国家教育委员会

1995 年 2 月 27 日

德育即对学生进行政治、思想、道德和心理品质教育。它对坚持学校的社会主义性质，保证人才培养的正确政治方向，促进学生全面发展，起着主导的决定性作用。学校必须以马克思列宁主义、毛泽东思想和邓小平同志建设有中国特色的社会主义理论为指导，认真贯彻国家教育方针和《中国教育改革和发展纲要》，积极推进教育教学改革，切实保证德育的地位，努力做好德育工作，培养有理想、有道德、有文化、有纪律的献身有中国特色的社会主义事业的建设者和接班人。

中学德育工作应认真贯彻党在社会主义初级阶段的基本路线，遵循党关于社会主义精神文明建设的指导方针，在继承和发扬德育优良传统的基础上，适应不断发展变化的新情况，赋予德育具有时代特点的新内容、新方法。要坚持实事求是的思想路线，从我国社会主义初级阶段的实际出发，从基础教育实际出发，从中学生的实际出发，遵循青少年的身心发展规律，分层次地确定德育工作的目标和内容，对中学生进行基本思想政治观点、基本道德、基础文明行为教育、良好个性心理品质和品德能力的培养。不断改进德育方法，逐步实现德育工作科学化、规范化、制度化。

《中学德育大纲》（以下简称《大纲》）规定了国家对中学德育工作和中学生品德的基本要求。它是中学德育工作的指导性文件，是各级教育部门对中学德育工作实行科学管理和督导评估的基本标准，也是社会和家庭紧密配合学校对中学生进行教育的基本依据。

一、德育目标

中学德育工作的基本任务是把全体学生培养成为热爱社会主义祖国的具有社会公德、文明行为习惯的遵纪守法的公民。在这个基础上，引导他们逐步树立科学的人生观、世界观，并不断提高社会主义思想觉悟，使他们中的优秀分子将来能够成长为共产主义者。

初中阶段德育目标：

热爱祖国，具有民族自尊心、自信心、自豪感，立志为祖国的社会主义现代化努力学习；初步树立公民的国家观念、道德观念、法制观念；具有良好的道德品质、劳动习惯和文明行为习惯；遵纪守法，懂得用法律保护自己；讲科学，不迷信；具有自尊自爱、诚实正直、积极进取、不怕困难等心理品质和一定的分辨是非、抵制不良影响的能力。

高中阶段德育目标：

热爱祖国，具有报效祖国的精神，拥护党在社会主义初级阶段的基本路线；初步树立为建设有中国特色的社会主义现代化事业奋斗的理想志向和正确的人生观，具有公民的社会责任感；自觉遵守社会公德和宪法、法律；养成良好的劳动习惯、健康文明的生活方式和科学的思想方法，具有自尊自爱、自立自强、开拓进取、坚毅勇敢等心理品质和一定的道德评价能力、自我教育能力。

二、德育内容

（一）初中阶段德育内容要点

1. 爱国主义教育

热爱国家的版图河山、语言文字、悠久历史、灿烂文化和著名民族英雄、爱国志士、革命先驱、文化名人的教育；中国近代、现代历史和社会主义新中国伟大成就的教育；初步的国家观念——尊重国家标志，维护国家尊严、荣誉的教育；完成祖国统一大业的教育；尊重兄弟民族，加强民族团结的教育；国防和国家安全及热爱和平、同各国人民友好交往的教育。

2. 集体主义教育

尊重、关心他人，集体成员之间团结友爱的教育；爱班级、爱学校、为集体服务、维护集体荣誉的教育；正确处理自我与他人、个人与集体、自由与纪律关系的教育。

3. 社会主义教育

初步的社会主义现代化建设常识和社会主义初级阶段党的基本路线的教育；初步的社会发展规律教育。

4. 理想教育

学习目的教育；初步的职业理想教育；社会主义共同理想教育。

5. 道德教育

中华民族优良道德传统的教育；

社会公德教育和分辨是非能力的培养；

初步职业道德、环境道德教育；

《中学生日常行为规范》的教育与训练。

6. 劳动教育

劳动创造世界的观点教育；热爱劳动，尊重劳动人民的教育；勤劳俭朴，珍惜劳动成果的教育；以校内生产劳动和社会公益劳动为主的劳动实践和劳动习惯的培养。

7. 社会主义民主和遵纪守法教育

我国公民基本权利与义务的教育；宪法及有关法律常识和法规的教育；知法守法，运用法律武器自我保护的教育；遵守学校纪律和规章制度的教育。

8. 良好的个性心理品质教育

自尊自爱、诚实正直、积极进取的教育；青春期心理卫生、性道德和男女同学正常交往、真诚友爱的教育；健康的生活情趣和发展个性特长的教育；坚强的意志品格和自我约束能力的培养训练。

（二）高中阶段德育内容要点

1. 爱国主义教育

中国人民斗争史、革命史、创业史和继承发扬爱国主义光荣传统的教育；社会主义现代化建设发展前景和报效祖国的教育；进一步的国家观念——国家利益高于一切，个人利益服从国家利益的教育；完成祖国统一大业的教育。加强民族团结，反对民族分裂的教育；正确认识中华民族优秀思想文化传统，汲取世界先进文明成果的教育；维护国家主权，反对霸权主义，发展国际友好合作关系的教育。

2. 集体主义教育

尊重、关心、理解他人，集体成员之间团结协作的教育；关心社会，为家乡、社区的公益事业贡献力量的教育；正确处理个人利益与集体利益、国家利益关系的教育；以集体主义为导向的人生价值观教育。

3. 马克思主义常识和社会主义教育

以建设有中国特色的社会主义理论为中心内容的经济常识、政治常识教育；初步的辩证唯物主义和历史唯物主义常识教育和科学思想方法的教育。

4. 理想教育

勤奋学习、立志成材，树立社会责任感的教育；职业理想教育和升学就业指导；正确的人生理想教育；献身有中国特色的社会主义理想信念教育。

5. 道德教育

中华民族优良道德传统教育；自觉遵守社会公德的教育和道德评价能力的培养；进一步的职业道德教育和环境道德教育；《中学生日常行为规范》和现代交往礼仪的教育与训练。

6. 劳动和社会实践教育

勤俭建国、勤俭办一切事业的教育；勤劳致富、用诚实劳动争取美好生活的教育；质量、效益、服务观念的培养教育；

以参加社会公益劳动，学工、学农、军训为主的劳动及社会实践锻炼和艰苦奋斗精神的培养教育。

7. 社会主义民主观念和遵纪守法的教育

我国社会主义民主政治制度和公民权利与义务的教育；遵守宪法，尊重人权，维护社会稳定的教育；知法守法，抵制违法乱纪行为的教育；自觉遵守学校纪律和规章制度的教育。

8. 良好个性心理品质的教育

自尊自爱、自强自立、开拓进取的教育；健康生活情趣和健全人格的培养教育；青春期心理健康、友谊、恋爱、家庭观的教育和行为指导；坚强意志品格和承受挫折能力的培养训练。

初、高中除以上各系列内容的教育外，还要随着经济、政治形势发展进行形势任务和时事政策的教育。

三、实施途径

学校必须充分发挥主导作用，并与家庭、社会密切配合。课内外、校内外各实施途径均应以本大纲为指导，发挥各自的功能，互相配合，形成合力，共同完成德育任务。

（一）思想政治课教学和时事课

思想政治课是向学生较系统地进行思想品德教育、马列主义毛泽东思想基本常识及有中国特色社会主义 理论观点教育的一门课程，在诸途径中居特殊重要地位，对帮助学生树立正确的政治方向、正确的人生观和思想方法，培养良好品德起着导向作用。

思想政治课应不断改进和完善教学内容体系，教学方法应适应学生的年龄和心理特点，紧密联系学生思想和社会实际，避免空洞说教。考试方法要注重考察学生对所学知识的理解和实际接受情况。

时事课是国情教育的一条重要途径。时间要保证，内容要落实。

（二）其他各学科教学

各学科教学是教师在向学生传授知识的同时进行德育的最经常的途径，对提高学生的政治思想道德素质具有重要的作用。各科教师要教书育人，为人师表，认真落实本学科的德育任务要求，结合各学科特点，寓德育于各科教学内容和教学过程之中。各学科的教材、教学大纲和教学评估标准，要坚持正确的思想导向；教学主管部门和教研人员要深入教学领域，指导教学工作同德育有机结合。

各科教师及全体职工都应在政治、思想、道德方面做学生的表率。

（三）班主任工作

班级是学校进行德育、实施本大纲的基层单位。班主任工作是培养良好思想品德和指导学生健康成长的重要途径。班主任是本大纲的直接实施者，应根据本大纲的内容要求，结合本班学生的实际情况，有计划地开展教育活动；组织和建设好班级集体，做好个别教育工作，加强班级管理，形成良好的班风。要注意发挥学生的主观能动性，培养他们的自我教育和自我管理的能力。要协调本班、本年级各科教师的教育工作，密切联系家长，积极争取家长与社会力量的支持配合。

（四）共青团、少先队、学生会工作

团、队、学生会是学生自我教育的重要组织形式，是学校德育工作中一支最有生气的力量。团、队、学生会应根据各自任务和工作特点，充分发挥组织作用，通过健康有益、生动、活泼的活动，把广大青少年吸引到自己周围，落实本大纲的各项任务。引导学生树立远大的理想和良好的道德风尚，继承革命传统，学会自我教育、自我管理。要通过举办业余团校、党校、马克思主义理论小组活动，培养提高学生中的优秀分子。

（五）劳动与社会实践

教育与生产劳动相结合是坚持社会主义教育方向的一项基本措施。学校要把生产劳动和社会实践活动作为必修课列入教学计划，根据不同的年龄层次，指导学生学会自我服务性劳动和必要的家务劳动，组织学生参加一定的生产劳动和公益劳动，在劳动中切实培养学生热爱劳动、热爱劳动人民、珍惜劳动成果的思想感情、行为习惯和艰苦奋斗的作风；要积极组织学生参观、访问、远足、进行社会调查、参加社会服务和军训等实践活动，使学生开阔眼界，认识国情，了解社会，增长才干，把理论和实践结合起来，增强辨别是非的能力。

（六）活动课程与课外活动

各种科技、文娱、体育及班团队活动是促进学生身心健康发展，培养良好道德情操的重要途径。学校和班级应保证列入课程计划的各类活动的时间，并通过多种形式指导学生开展丰富多彩的科技、文娱、体育活动（包括课外兴趣小组和各种社团活动），发展学生的个性特长，培养学生的良好道德情操、意志品质和生活情趣，提高他们的审美能力。

（七）校外教育

校外教育是对学生进行政治思想道德教育，培养健康文明生活方式的一个重要阵地。学校要主动与少年宫（家）、少年儿童活动中心、儿童图书馆、文化馆、博物馆、纪念馆、科技馆等校外的文化教育单位建立联系，充分利用这些专门场所和社会文化教育设施，并积极开拓和建设校外教育的场点、营地，有计划地组织学生参加各种活动，在活动中进行教育。

（八）心理咨询和职业指导

心理咨询是培养学生健康心理品质的有效途径；职业指导是发展学生个性、进行理想教育的有效途径。中学生处于青春发育期，又面临对未来职业的选择。要通过谈心、咨询、讲座、热线电话等多种形式对不同层次学生进行心理健康教育和职业指导，帮助学生正确处理好学习、生活、择业、人际关系等方面遇到的心理矛盾和问题，提高他们的心理素质，培养承受挫折、适应环境的能力。

（九）校园环境建设

整洁、优美、富有教育意义的校园环境是形成整体性教育氛围的不可缺少的条件。学校要积极进行校园环境建设，加强校园环境管理，使学生受到良好的熏陶和影响。要充分发挥校歌、校训和校风对学生的激励和约束作用；利用黑板报、壁报、橱窗、广播、影视、图书馆（室）、劳动室、荣誉室、少先队室等多种形式专用场所，创造良好的教育环境。

（十）家庭

家庭对学生行为习惯的培养、品德的形成、个性的发展有着重要的影响。家庭教育主要通过亲子之情的感化激励、家庭生活的渗透熏陶及家长的言传身教而起作用，家长应努力为子女的健康成长提供良好的家庭环境。学校要通过家访、家长会、家长接待日、举办家长学校、开展家庭教育咨询、建立家长委员会等多种方式，密切与家长的联系，指导家庭教育，使家长了解并配合学校贯彻实施好本大纲，改进家庭教育的方法。

（十一）社会

根据国家有关法律和中央有关文件的规定，各级政府和社会各部门均应履行关心、促进和保护青少年健康成长的义务。各级教育行政部门要主动协调政府并会同有关部门，积极开发利用社会的德育资源；开辟青少年教育的社会教育舆论阵地；加强社会文化市场及娱乐场所的管理；提供青少年需要的丰富多彩、健康有益的精神食粮；做好执行《未成年人保护法》的协调工作，打击腐蚀毒害青少年的犯罪行为；充分发挥各级领导干部，革命前辈，各行各业先进模范人物，优秀科学家、作家、艺术家、企业家的榜样教育作用；组织好青少年教育的社会志愿者队伍，为青少年健康成长创造良好的舆论环境、文化环境、治安环境和社区环境。

教育行政部门和学校应采取有效措施，充分依靠关心下一代协会、社区教育委员会和街道委员会、村民委员会以及各种社会团体，并同所在地的机关、部队、工厂、商店等单位建立固定联系，发动、协调社会力量支持和参与德育工作，逐步建立学校与社全相互协作的社会教育网络，共同营造关心下一代健康成长的良好社会教育环境。

四、学生品德评定

对学生品德进行评定是中学德育工作的重要组成部分，通过评定，鼓励学生发扬优点，克服缺点，促使学生不断地自我完善，并检查德育工作的情况，促进德育工作水平的提高。品德评定的基本方法是写操行评语和评定操行等级。

（一）评定的内容和标准

学生品德评定内容与标准以本大纲规定的教育目标、内容和《中学生守则》、《中学生日常行为规范》为依据。各地可根据本地区实际情况，对不同年级学生在思想政治觉悟、道德品质、行为表现等方面提出具体的要求，制定具体标准。

根据初、高中学生在以上内容诸方面的表现，评定中学生的操行等级，可分别评为优秀、良好、及格、不及格四等。

（二）评定的原则和方法

1. 坚持实事求是的原则。要根据评定内容的基本要求，从学生实际出发，用全面、发展的观点看待学生，实事求是地分析学生的优缺点，防止片面性。

2. 实行民主评定的方法。既要充分发挥班主任和各科教师在考核评价中的作用，又要尊重学生自评、小组互评，对学生的意见既要尊重又要引导，防止压制民主或放任自流。

3. 操行评语由班主任负责，在学生个人总结和小组评议的基础上写出。每一学期末，班主任对学生个人小结、小组评议签署意见，学年末写出评语。在评语中要指出优点、缺点、努力方向，以表扬为主。对犯有错误受到学校记过以上处分尚未撤消的，其主要错误和处分均应如实写在评语中。对受到校级或校级上部门表彰奖励的，其事迹和表彰情况也应写在评语中。

操行等级由班主任在征求学生和任课老师意见基础上评定。学期末初评，学年末总评。评定方法要力求科学合理，简便易行。

（三）评定的领导与管理

1. 学校要有一名副校长分管学生品德评定工作，学生操行评为不及格者需经分管德育工作的校长或教导主任审定。

2. 评定结果（包括操行评语和操行等级）应通知家长，并记入学生学籍档案。对不及格者学校应与其家长面谈，商讨教育方法。保送生必须连续三年操行评为优等。品德测评结果应成为学生升学、就业的重要考察依据。学生品德行为有优异表现并受到区（县）以上教育行政部门表彰者，在升入高一级学校或就业时应予以优先录取、录用。

五、实施与管理

实施本大纲的关键在于加强各级教育行政部门和学校对德育工作的领导，提高德育工作的科学管理水平 。

（一）各级教育行政部门的任务

1. 建立强有力的德育指导、操作、督导系统，形成有目标、计划，有措施保证，有检查、评估，职责明确、畅通运转的科学管理制度。

2. 加强德育工作队伍的建设。要建立健全培训制度，有计划地培训学校的校长、教导（政教）主任、班主任、年级组长和各科教师，以建设有中国特色的社会主义理论为指导，组织他们学习教育科学理论和做好德育工作所必需的知识，使他们掌握本大纲的内容和要求，不断提高自身工作能力，增强做好德育工作的自觉性。要解决好专职从事德育工作的人员的职务评定与聘任问题。培养一批在德育工作方面有专长和造诣的优秀校长、班主任、德育特级教师。

3. 加强德育的科学研究。要把德育的研究项目列入科研规划，注重学生政治思想品德现状和发展趋势的调查，开展德育的科学实验，为实施本大纲提供理论指导和业务咨询。

4. 协助当地政府做好青少年教育的组织协调工作，发动全社会关心、支持和参与学校德育工作。在各级党委和政府领导下，动员工、青、妇、民主党派、社会团体和宣传、影视、广播、文化、新闻、出版、司法、公安、经济、工商等有关部门共同配合贯彻实施本大纲。

5. 教育行政部门和学校要合理确定德育方面的经费投入项目，列入预算切实保证。要积极创造条件为实施本大纲提供生产劳动和社会实践基地、校外活动场所和电化教育等必要的教育手段；组织力量编写、制作实施本大纲配套的教育资料与音像教材、读物。

6. 定期对实施本大纲的情况进行督导、检查评估，以确保本大纲的贯彻落实。学校实施本大纲的情况应作为考核校长工作的重要依据。根据检查评估的情况，不断提出改进的措施。

7. 既要坚持统一要求又要因地制宜。各地教育行政部门应从实际出发，针对本地区和不同类型学校需要，对不同年级德育目标要求与教育内容的深浅程度和侧重点做出具体安排，制定切合本地区情况并具有可操作性的实施细则。

（二）学校的任务

1. 中学实行校长负责的德育工作领导体制。党支部要发挥政治核心和监督保证作用，支持和协助校长做好德育工作。

2. 校长要加强对教导（政教）处或德育工作指导小组的领导，通过他们具体组织、指导本大纲的实施。教导（政教）处或德育工作小组的任务是：调查分析学生的政治思想品德状况；制定贯彻实施本大纲的年度、学期计划和每月的工作安排；确定各年级组、教研组、团、队、学生会及各职能部门为完成工作计划应承担的具体任务及分工；组织协调好校内外各德育途径之间的相互配合；建设好校内外的德育基地，总结交流经验；保证学校德育工作的顺利进行。

3. 学校要加强对年级组和班主任工作的指导和管理。年级组应定期组织教师分析研究本年级学生的政治思想品德状况；制定实施本大纲的分年级要求；沟通信息，交流经验，开展年级性的教育活动，组织本年级教师共同完成本大纲的任务。学校领导要认真执行《中学班主任工作暂行规定》，指导班主任制定实施本大纲的班级工作计划；落实学校和年级提出的各项任务要求；并负责做好学生政治思想品德评定的工作。

4. 学校领导应十分重视思想政治课在形成学生的理论观点，政治态度、道德观念等方面的导向作用，帮助思想政治课教师正确认识国内外形势，提高理论素养，为他们提供进行社会考察和学习进修的机会，指导他们遵循理论联系实际的原则，改革教学方法，提高教学质量。

5. 学校要建立和完善教育常规制度。每周一次升旗仪式；晨会，校会，班、团、队会；重大节日、纪念日教育活动，开学、毕业典礼，表彰三好学生、优秀生；郊游（远足），参观德育基地，参加社会服务等，均应形成制度，认真坚持。对各年级学生必读的书籍，必看的影片，必须学会的歌曲，必须参观的本地区的德育基地，人文、自然景观等也要做出规定，积极创造条件，付诸实施。

6. 学校领导应建立、健全贯彻实施本大纲的岗位责任制。每个部门都应有德育的功能，每个教职工都应当是德育工作者。学校应对各个职能部门和教师、职工分别提出教书育人、管理育人、服务育人的明确具体要求，并列入考评教师的指标体系，作为评价考核教职工工作成绩的重要依据。要把贯彻实施本大纲与贯彻落实《中小学教师职业道德规范》紧密结合起来。

7. 学校领导在贯彻实施本大纲中，既要发挥教师的主导作用，又要发挥学生的主动性、积极性。特别要重视发挥共青团、少先队、学生会等学生组织的作用，引导学生自己管理自己，教育自己。学校应创造条件使学生对学校领导和教职工的管理工作进行评价，提出建议。

教育部关于培育和践行社会主义核心价值观进一步加强中小学德育工作的意见

教基一〔2014〕4号

各省、自治区、直辖市教育厅（教委），新疆生产建设兵团教育局：

社会主义核心价值观是中国特色社会主义的本质体现。培育和践行社会主义核心价值观、加强中小学德育是推进中国特色社会主义事业的必然要求，是深化教育领域综合改革、促进学生健康成长的现实选择。为贯彻党的十八大和十八届二中、三中全会精神，落实《中共中央办公厅关于培育和践行社会主义核心价值观的意见》(中办发〔2013〕24号)，切实把立德树人作为教育的根本任务，针对当前的新形势新要求，现就培育和践行社会主义核心价值观，进一步增强中小学德育的时代性、规律性、实效性，提出如下意见。

一、充分体现时代性，加强中小学德育的薄弱环节

(一) 加强中华优秀传统文化教育

各级教育部门和中小学校要深入开展中华优秀传统文化教育，弘扬以爱国主义为核心的民族精神和以改革创新为核心的时代精神，引导学生增强民族文化自信和价值观自信。要深入浅出地讲清楚中华优秀传统文化的历史渊源、发展脉络、基本走向，让学生逐步明白中华文化的独特创造、价值理念、鲜明特色。要加强中国特色社会主义宣传教育和中国梦主题教育活动，探索形成爱学习、爱劳动、爱祖国教育活动的有效形式和长效机制。改善时事教育，举办中小学时事课堂展示活动，用鲜活事例教育广大学生，引导他们逐步树立中国特色社会主义的道路自信、理论自信、制度自信。尊重学生个性发展，帮助学生树立积极向上的个人理想，引导他们自

觉将个人理想与祖国发展紧密联系起来，为个人幸福、社会进步、国家富强而不断成长。

（二）加强公民意识教育

各级教育部门和中小学校要大力开展公民意识教育，培养公民美德，发扬社会公德，增强国家认同，引导广大学生了解公民的基本权利与义务。要认真落实《中小学法制教育指导纲要》，促进学生树立社会主义民主法治、自由平等、公平正义理念，养成遵纪守法、遵守规则的意识和行为习惯。认真落实《中小学文明礼仪教育指导纲要》，引导学生养成诚实守信、孝敬感恩、团结友善、文明礼貌的行为习惯。

（三）加强生态文明教育

各级教育部门和中小学校要普遍开展生态文明教育，以节约资源和保护环境为主要内容，引导学生养成勤俭节约、低碳环保的行为习惯，形成健康文明的生活方式。要深入推进节粮节水节电活动，持续开展“光盘行动”。加强大气、土地、水、粮食等资源的基本国情教育，组织学生开展调查体验活动，参与环境保护宣传，使他们认识到环境污染的危害性，增强保护环境的自觉性。加强海洋知识和海洋生态保护宣传教育，引导学生树立现代海洋观念。

（四）加强心理健康教育

各级教育部门和中小学校要认真落实《中小学心理健康教育指导纲要（2012 年修订）》，全面推进心理健康教育。加强制度建设，建立健全心理健康教育的各项规章制度，规范和促进学校心理健康教育工作。加强课程建设，保证心理健康教育时间，合理安排教育内容，创新活动形式，科学有效开展心理健康教育。加强场所建设，有条件的学校要设立中小学心理辅导室，保证心理健康教育必要的活动空间。加强队伍建设，每所学校至少配备一名专兼职心理健康教育教师，关心其生活条件与专业发展。加强心理健康教育教师专业培训，同时要提高全体教师特别是班主任开展心理健康教育的能力，培养学生积极健康的心理品质。加强生命教育和青春期教育，促进学生身心和谐发展。

(五) 加强网络环境下的德育工作

各级教育部门和中小学校要不断探索网络环境下德育工作的有效途径，引导学生正确对待网络虚拟世界，合理使用互联网、手机以及微博、微信等新媒体。加强网络道德教育，引导学生文明上网，树立网络责任意识，增强对不良信息的辨别能力，防止网络沉迷或受到不良影响。加强网络法制教育，培养学生依法使用网络的意识，自觉抵制网络不法行为。加强网络正面引导，推进德育工作信息化建设，充分利用国家教育资源公共服务平台和积极健康的网络教育资源，凝聚广大师生，形成良好互动。鼓励开展积极向上的校园网络文化活动，组织以“中国梦”“三爱”“三节”为主题的微视频创作展示。

二、准确把握规律性，改进中小学德育的关键载体

(六) 改进课程育人

各级教育部门和中小学校要充分发挥课程的德育功能，将社会主义核心价值观的内容和要求细化落实到各学科课程的德育目标之中。加强品德与生活、品德与社会、思想品德、思想政治课程的教育教学。推动学科统筹，特别是加强德育、语文、历史、体育、艺术等课程教学的管理和评价，提升综合育人效果。开发有效的地方课程和学校课程，丰富学校德育资源。开展学科德育精品课程展示活动，引导各学科教师依据课程标准和学生实际情况，设计相应的教学活动，在传授知识和培养能力的同时，将积极的情感、端正的态度、正确的价值观自然融入课程教学全过程。

(七) 改进实践育人

各级教育部门和中小学校要广泛开展社会实践活动，充分体现“德育在行动”，要将社会主义核心价值观细化为贴近学生的具体要求，转化为实实在在的行动。要普遍开展以诚实守信、文明礼貌、

遵纪守法、勤劳好学、节约环保、团结友爱等为主题的系列行动；组织学生广泛参加“学雷锋”等志愿服务和社会公益活动；教育学生主动承担家务劳动；组织学生在每个学段至少参加1次学工学农生产体验劳动，农村学校应普及适当形式的种植或养殖。要广泛利用博物馆、美术馆、科技馆等社会资源，充分发挥各类社会实践基地、青少年活动中心（宫、家、站）等校外活动场所的作用，组织学生定期开展参观体验、专题调查、研学旅行、红色旅游等活动。逐步完善中小学生开展社会实践的体制机制，把学生参加社会实践活动的情况和成效纳入中小学教育质量综合评价和学生综合素质评价。

（八）改进文化育人

各级教育部门和中小学校要挖掘地域历史文化传统，因地制宜开展校园文化建设，将社会主义核心价值观融入校园物质文化、精神文化、制度文化、行为文化之中。要加强图书馆建设，提升藏书质量，开展经常性的读书活动。学校要张贴社会主义核心价值观24字或书写上墙，让学生熟练背诵。要利用升国旗、入党入团入队等仪式和重大纪念日、民族传统节日等契机，开展主题教育活动，传播主流价值。要加强校风班风学风建设，组织开展丰富多彩、生动活泼的文艺活动、体育活动、科技活动，支持学生社团活动，充分利用板报、橱窗、走廊、校史陈列室、广播电视网络等设施，营造体现主流意识、时代特征、学校特色的校园文化氛围。

（九）改进管理育人

各级教育部门和中小学校要积极推进学校治理现代化，将社会主义核心价值观的要求贯穿于学校管理制度的每一个细节之中。学生的行为规范管理、班级民主管理和各种面向学生制定的规章制度，都要充分体现友善、平等、和谐。要明确学校各个岗位教职员工的育人责任，把育人要求和岗位职责统一起来，将学生的全面发展作为学校一切工作的出发点和落脚点。要加强班主任培训，提高班主任工作能力，探索推行德育导师制。加强师德建设，落实《教育部关于建立健全中小学师德建设长效机制的意见》，引导广大教师自觉践行社会主义核心价值观，爱岗敬业，教书育人，做学生健康成长的指导者和引路人。

三、大力增强实效性，夯实中小学德育的基本保障

（十）改进方式方法

各级教育部门和中小学校要加强德育规律研究，从中小学生的身心特点和思想实际出发，注重循序渐进、注重因材施教，润物细无声，真正把德育工作做到学生心坎上。要突出知行结合，着力培养学生养成良好的行为习惯，客观真实记录学生行为表现情况，引导学生将道德认知转化为道德实践。要勇于改革创新，探索德育工作的新途径、新方法，定期开展德育教研活动，提升教师德育专业能力。

（十一）加强组织领导

各级教育部门和中小学校要将德育工作纳入教育发展规划和学校工作计划，确立年度德育工作目标和任务，明确相关责任主体。保障德育工作经费，纳入教育经费年度预算，满足学校德育工作需求。

（十二）强化协同配合

各级教育部门和中小学校要主动联系综治、公安、民政、共青团、妇联、关工委等相关部门，切实加强对进城务工人员随迁子女、农村留守儿童的关爱和教育。开展流浪未成年人、有严重不良行为未成年人的教育帮扶，做好预防青少年违法犯罪工作。大力推动家庭教育，普及中小学家长委员会和家长学校，改进家访制度，鼓励家长参与学校管理，树立科学观念，运用良好家风，促进子女成长成才。要积极争取当地党委政府支持，整合社会资源，净化社会环境，形成育人合力，共同发挥正能量。

（十三）完善督导评价

各级教育督导部门要加强对中小学德育工作的督导检查，将其

纳入教育综合督导的重要内容及责任区督学的工作范畴，使之制度化、规范化。督导评价结果要以适当方式向社会公布。教育部将定期表彰全国中小学优秀德育课教师、优秀班主任、优秀德育工作者和德育工作先进集体，探索品德优秀学生表彰激励机制。各地教育部门和中小学校也要完善相应的表彰激励机制，发挥榜样示范作用，努力促进年轻一代全面发展和健康成长。

中华人民共和国教育部

2014 年 4 月 1 日

教育部关于整体规划大中小学德育体系的意见

教社政〔2005〕11号

为贯彻落实《中共中央 国务院关于进一步加强和改进未成年人思想道德建设的若干意见》（中发〔2004〕8号）和《中共中央 国务院关于进一步加强和改进大学生思想政治教育的意见》（中发〔2004〕16号）精神，现就整体规划大中小学德育体系提出以下意见。

一、充分认识新形势下整体规划大中小学德育体系的重要意义

（一）学校教育，育人为本；德智体美，德育为先。德育主要是对学生进行政治、思想、道德、法制、心理健康教育。青少年学生的爱国情感，文明行为习惯，良好道德品质，遵纪守法意识，科学的世界观、人生观、价值观和中国特色社会主义理想信念，是一个通过教育逐步形成和发展的过程。整体规划大中小学德育体系，就是根据不同教育阶段学生身心特点、思想实际和理解接受能力，准确规范德育目标和内容，科学设置德育课程，积极开展德育活动，努力拓展德育途径，有针对性地进行教育和引导，使学校德育更具科学性，更好地促进青少年学生全面健康成长。目前，大中小学德育各阶段的德育目标划分还不够准确，内容安排还不尽合理，存在着一定程度的简单重复交叉和脱节的问题。整体规划大中小学德育体系，充分发挥学校教育的主渠道、主阵地、主课堂作用，是一项极为紧迫的重要任务，是加强和改进大学生思想政治教育和中小学生思想道德教育的重要举措，是贯彻党的教育方针的必然要求。

（二）整体规划大中小学德育体系的总体要求是：以邓小平理论和“三个代表”重要思想为指导，全面贯彻党的教育方针，坚持

以人为本，遵循学校德育工作规律和青少年学生成长成才规律，适应社会发展要求，贴近实际、贴近生活、贴近学生，把理想信念教育、爱国主义教育、公民道德教育和基本素质教育贯穿始终，使大中小学德育纵向衔接、横向贯通、螺旋上升，不断提高针对性实效性和吸引力感染力，更好地促进青少年学生健康成长。

（三）整体规划大中小学德育体系的基本原则是：（1）坚持把邓小平理论和“三个代表”重要思想作为根本指针，始终坚持学校德育的正确方向。（2）坚持把培养有理想、有道德、有文化、有纪律的“四有”公民作为根本目标，努力培育社会主义事业的合格建设者和可靠接班人。（3）坚持把帮助青少年学生树立正确的世界观、人生观、价值观作为根本任务，不断促进他们形成正确的思想道德观念。（4）坚持把课堂教学和社会实践作为根本途径，不断提高学校德育的实效。（5）坚持把有效衔接、分层实施、循序渐进、整体推进作为根本要求，始终保持学校德育的生机与活力。（6）坚持把学校、家庭、社会共同参与、相互配合作为根本举措，切实增强德育工作的合力。

二、准确规范各教育阶段德育目标和内容

（四）小学教育阶段德育目标是：教育帮助小学生初步培养起爱祖国、爱人民、爱劳动、爱科学、爱社会主义的情感；树立基本的是非观念、法律意识和集体意识；初步养成孝敬父母、团结同学、讲究卫生、勤俭节约、遵守纪律、文明礼貌的良好行为习惯，逐步培养起良好的意志品格和乐观向上的性格。

小学教育阶段德育主要内容是：开展热爱学习、立志成才教育，开展孝亲敬长、爱集体、爱家乡教育，开展做人做事基本道理和文明行为习惯养成教育，开展热爱劳动和爱护环境教育，开展尊重国旗、国徽，热爱祖国文化的爱祖国教育，开展社会生活基本常识和安全教育。

（五）中学教育阶段德育目标是：教育帮助中学生初步形成为

建设中国特色社会主义而努力学习的理想，树立民族自尊心、自信心、自豪感；逐步形成公民意识、法律意识、科学意识以及诚实正直、积极进取、自立自强、坚毅勇敢等心理品质，养成良好的社会公德和遵纪守法的行为习惯。中等职业学校还要帮助学生树立爱岗敬业精神和正确的职业理想。

中学教育阶段德育主要内容是：开展爱国主义、集体主义、社会主义教育，开展中华民族优良传统和中国革命传统教育，开展法制教育和民主、科学教育，开展基本国情和时事教育，开展民族团结教育、国防教育和廉洁教育，开展青春期卫生常识和心理健康教育，开展社会公德和劳动技能教育。中等职业学校还要加强职业道德、劳动纪律和职业规范教育。

（六）大学教育阶段德育目标是：教育引导大学生确立在中国共产党领导下走中国特色社会主义道路、实现中华民族伟大复兴的共同理想和坚定信念，牢固树立爱国主义思想和全心全意为人民服务思想，自觉遵守法律法规和社会道德规范，加强自身道德修养，具备良好的心理素质和艰苦奋斗、开拓进取的精神，促进大学生思想政治素质、科学文化素质和身心健康素质全面协调发展。同时，积极引导大学生中的先进分子树立共产主义的远大理想，确立马克思主义的坚定信念。

大学教育阶段德育主要内容是：加强马克思列宁主义、毛泽东思想、邓小平理论和“三个代表”重要思想教育，加强党的基本理论、基本路线、基本纲领和基本经验教育，加强中国革命、建设和改革开放的历史教育，加强基本国情和形势政策教育，加强民族精神和时代精神教育，加强社会公德、职业道德和家庭美德教育，加强法制和诚信教育，加强人文素质和科学精神教育，加强心理健康和就业创业教育。

三、科学设置各教育阶段德育课程

（七）小学开设以公民基本道德素质教育为基本内容的品德与

生活、品德与社会类课程。小学1—2年级的品德与生活课着重引领小学生健康安全、愉快积极、负责任有爱心、动脑筋有创意地生活，逐步养成良好的生活习惯。小学3—6年级的品德与社会课着重讲解个人成长，讲解家庭、学校、家乡（社区）、祖国，讲解世界，引领小学生逐步认识自我、认识社会，为形成良好的品德奠定基础。

（八）中学开设以提高学生思想道德水平为基本内容的思想品德、思想政治类课程。初中开设的思想品德课着重讲解个人成长应具备的基本要求、个人与他人的关系、个人与集体、国家和社会的关系，引领初中学生感悟人生意义，提高道德素质，了解基本法律知识，培养健康心理品质，确立责任意识和积极的生活态度。普通高中开设思想政治课，着重讲解哲学基本常识和政治生活、经济生活、文化生活常识，公民道德与伦理常识、法律常识，引导学生运用矛盾和实践的观点和方法认识问题、分析问题和解决问题，使高中学生具备在现代社会生活中应有的自主、自立、自强的能力和态度，初步形成正确的世界观、人生观和价值观，初步掌握辩证唯物主义和历史唯物主义的观点、方法，为终身发展奠定思想道德基础。中等职业学校开设哲学基础知识、经济与政治基础知识、法律基础知识和职业道德与职业指导类课程，帮助学生树立正确的职业理想，养成良好的职业道德，具备基本的就业创业意识，为步入职业生涯和终身发展奠定思想道德基础。

（九）大学开设《马克思主义基本原理》、《毛泽东思想、邓小平理论和“三个代表”重要思想概论》、《中国近现代史纲要》和《思想道德修养与法律基础》等德育课程。加强对大学生进行马克思列宁主义、毛泽东思想、邓小平理论和“三个代表”重要思想基本理论教育，帮助大学生全面准确把握马克思主义基本原理和毛泽东思想、邓小平理论、“三个代表”重要思想等基本理论，正确认识人类社会发展的规律，坚定走中国特色社会主义道路的信念，提高自觉应用马克思主义立场、观点和方法认识、分析和解决问题的能力，使大学生了解国史、国情，深刻领会历史和人民是怎样选择了马克思主义，选择了中国共产党，选择了社会主义道路，帮助大学生提高思想道德素质，增强社会主义法制观念，解决成长成才过程中遇到的实际问题。

（十）科学构建各级各类学校德育课程体系，合理确定课程的设置及课程标准，是整体规划大中小学德育体系工作的重点。教育部将不断优化各级各类学校德育课程的设置，并制定德育课程标准，明确教育目标、内容及要求，使小学、中学、大学各教育阶段的德育课程形成由低到高、由浅入深、循环上升、有机统一的体系。

四、积极开展各教育阶段德育活动

（十一）小学教育阶段德育活动要体现生动性、趣味性，动手动脑，丰富情感体验的特点。积极组织开展感受家乡变化、欣赏自然风光等活动，增强小学生爱国情感。开展介绍名人名言和英雄人物事迹等活动，激励小学生树立远大人生志向。开展学习身边的榜样、遵守课堂纪律等活动，规范小学生行为习惯。通过传唱新儿歌新童谣、做游戏等文体活动，提高小学生基本素质。

（十二）中学教育阶段德育活动要体现知识性强、吸引力大、参与度高，开阔视野、促进思考的特点。积极组织开展感受社会主义现代化建设成就等社会实践活动，帮助中学生逐渐树立为国家、为人民、为民族奋斗的志向。开展了解中华民族历史文化、参观爱国主义教育基地等活动，引导中学生树立民族自尊心、自信心、自豪感。开展践行基本道德规范教育活动，帮助中学生养成遵守法律和社会生活基本规范的良好习惯。开展富有趣味、怡情益智的课外文体和科技活动，促进中学生身心发展。

（十三）大学教育阶段德育活动要体现政治性、思想性，与学生成才紧密联系的特点。积极组织开展邓小平理论和“三个代表”

重要思想理论学习和实践活动，教育引导大学生树立走中国特色社会主义道路的理想。开展弘扬民族精神、时代精神和深入工农群众、深入社会的教育实践活动，坚定大学生报效祖国、服务人民的信念。开展社会公德、职业道德和家庭美德的教育实践活动，不断提高大学生道德自律的意识和能力。开展学术、科技、体育、艺术和娱乐等活动，帮助大学生德才并进、全面发展。

五、努力拓展大中小学德育的有效途径

（十四）挖掘各类课程的德育资源，把德育渗透到学生学习的各个环节。大学哲学社会科学和其它各类专业课程，中小学语文、历史、地理、艺术和其它各类课程都要蕴含对学生进行德育的内容，使学生在学习知识、增强能力的过程中受到思想道德教育，加强思想道德建设。

（十五）明确全员育人的要求，把德育落实到教学、管理、服务的各个方面。各类课程教师要提高师德和业务水平，爱岗敬业，教书育人，为人师表，以良好的思想政治素质和道德风范影响和教育学生。学校管理和服务人员要在严格管理和优质服务中体现育人导向，使学生从中受到感染和教育。

（十六）积极开展丰富多彩的德育活动，在活动中增强德育效果。大中小学校都要举行隆重的开学和毕业典礼，培养学生荣誉感和责任意识。要利用重大节庆日举行升旗仪式等活动，激发学生爱国情感。大力开展日常校园文化活动，把德育与智育、体育、美育有机结合起来，寓教育于健康向上的文化活动之中。积极开展网上思想政治教育活动，努力建设一批融思想性、知识性、趣味性、服务性于一体的校园主网站，使校园网成为传播先进文化的新渠道，加强德育的新阵地，全面服务学生的新平台。深入开展社会实践活动，让学生在实践中受教育、长才干、作贡献。

（十七）推进教育、管理、服务相结合，在关心人帮助人中教育人引导人。要依照法律和规章制度，严格校规校纪，加强和改进学校管理，加强校风、教风、学风建设。要做好服务工作，把解决思想问题与解决实际问题结合起来，不断改善办学条件，提高办学水平，指导学生处理好在学习、成才、择业、交友、健康、生活等方面遇到的问题。充分调动学生的积极性和主动性，提高学生自我教育、自我管理、自我服务的能力。大学和中等职业学校要对学生进行职业指导，为学生就业创业提供服务。

（十八）构建学校、家庭、社会紧密配合的德育网络，使德育工作由学校向家庭辐射，向社会延伸。学校要主动和学生家长及社会各方面加强沟通与合作，使三方教育互为补充、形成合力。要正确引导家庭教育，通过家长学校、家庭教育指导中心、家访等多种形式，引导家长树立正确的人才观、质量观和择业观，掌握科学教育子女的方法。要高度重视并充分发挥校外教育基地、爱国主义教育基地和社区教育的作用，依托社会的各种活动阵地，组织开展富有吸引力的德育活动。

（十九）积极开展党团活动，充分发挥党团组织和学生组织在德育中的重要作用。少先队、共青团和党组织是学校德育工作重要的组织体系和保障，要充分发挥少先队、共青团和党组织政治优势、组织优势，做好大中小学德育工作。小学阶段要重视发挥少先队的作用，加强少先队中队建设，积极开展少先队活动，团结广大小学生好好学习，天天向上。中学阶段要对学生开展团的基本知识教育，加强团支部建设，积极发展共青团员，积极开展团组织活动。在高中阶段学生中开展党的基本知识教育，努力培养一批入党积极分子。大学阶段要高度重视加强在大学生中发展党员工作，加强学生党支部建设，使其成为德育工作的坚强堡垒。要利用小学生加入少先队、中学生加入共青团和大学生加入中国共产党等人生成长的重要时机，有针对性地开展具有深刻意义的教育活动。同时，要发挥学生会、研究生会的桥梁和纽带作用，积极开展生动有效的德育活动。

六、切实加强整体规划大中小学德育体系工作的领导

（二十）建立健全领导体制。各级教育部门要从“培养什么人、如何培养人”的战略高度，切实加强对整体规划大中小学德育体系的领导。教育部成立学生思想道德建设工作领导小组，对全国大中小学德育统一规划、组织协调、宏观指导和督促检查。成立大中小学德育工作专家指导委员会，对整体规划大中小学德育体系工作进行咨询论证、提出建议、具体指导、培训人才。成立大中小学德育课程开发和教材编审委员会，统筹大中小学德育课程体系设计，统筹大中小学德育课程标准制定和教材编写，保证大中小学德育课程内容的衔接。各地教育部门也要成立相应的组织机构，保证国家规定德育课程计划能够得到切实执行。

（二十一）建立完善工作机制。各地教育部门要研究制定本地区整体规划大中小学德育体系工作的具体实施方案，把工作要求具体化。要着力建立长效工作机制，深入开展社会实践，大力推进校园文化建设，为学生办实事好事，减轻学生课业负担，改进德育考试和评价方法，整合社会德育资源，加大投入，努力形成全员、全过程、全方位育人的格局，促进学校德育全面、协调、可持续发展。要把大中小学德育评估指标纳入教育教学评估指标体系之中，并放在突出位置，通过评估促进学校德育工作。要对德育工作成绩优秀的集体和个人给予表彰和奖励；对存在的问题，要限期整改。

（二十二）切实加强德育工作队伍建设。要像重视和关心业务学术骨干的选拔培养那样重视德育队伍人员的选拔培养。教育部制定政策，做出规划，组织示范性培训。各地教育部门要组织实施德育人才培养工程，实现德育队伍的职业化、专业化和专家化。学校要建立完善培养德育队伍的激励和保障机制，按照有关规定配备好德育队伍，特别是德育课教师和辅导员、班主任队伍，努力创造良好的政策环境、工作环境和生活环境，充分调动他们的积极性和创造性。

（二十三）推动整体规划大中小学德育体系研究。整体规划大中小学德育体系的科学性、政策性很强，有其自身规律。要组织力量深入研究，为增强整体规划大中小学德育体系的系统性、前瞻性和创造性提供理论支持和决策依据。要培养和造就一批德育专家、教授、特级教师和理论家。

各地教育部门要根据本意见，结合实际，制定具体实施意见，认真贯彻执行。

中华人民共和国教育部

2005 年 4 月 20 日

学生法制教育

中小学法制教育指导纲要

中共中央宣传部　教育部　司法部　全国普及法律常识办公室
关于印发《中小学法制教育指导纲要》的通知
教基〔2007〕10号

各省、自治区、直辖市党委宣传部、教育厅（教委）、司法厅（局）、普法依法治理办公室，新疆生产建设兵团党委宣传部、教育局、司法局、普法依法治理办公室：

为贯彻落实中共中央、国务院批转的《中央宣传部、司法部关于在公民中开展法制宣传教育的第五个五年规划》和教育部印发的《全国教育系统法制宣传教育第五个五年规划》的要求，指导各地中小学校全面、规范地开展法制教育，将中小学法制教育融入课堂教学和学校教育活动的各个环节，提高法制教育的针对性、实效性，中央宣传部、教育部、司法部和全国普法办联合制定了《中小学法制教育指导纲要》（以下简称《纲要》）。现印发给你们，请各地、各部门结合实际，认真组织落实。

地方各级党委宣传部门，教育、司法行政部门和普法主管机关要在各级党委、政府的领导下，充分发挥职能作用，互相支持、密切配合，按照《纲要》的要求，加强对中小学法制教育工作的组织协调，将此项工作纳入实施“五五”普法规划目标责任制的考核范围，加强督促检查，推动各项工作落到实处。

地方各级教育行政部门和中小学校要采取切实措施，抓好《纲要》的落实，确保中小学法制教育的质量。要充分发挥学校课堂教学的主渠道作用，把法制教育与相关学科教育有机融合在一起，并积极与其他各种专项教育相结合，努力形成多角度、宽领域、全方位的法制教育新格局。要根据青少年学生成长的特点和接受能力，贴近实际，贴近生活，贴近学生，增加吸引力和感染力，提高教学的针对性和实效性。

地方各级司法行政部门和普法主管机关要协助教育行政部门和中小学校做好法制教育的贯彻落实工作，要积极组织和利用好本系统的人力、物力资源为中小学法制教育提供支持与服务，并要加强青少年校外法制教育阵地建设，努力推进法律知识教育和法治实践教育相结合。有关部门和研究机构要深入开展调查研究，把握青少年法制教育工作中出现的新情况、新问题，探求开展工作的新机制和新途径，不断推进中小学法制教育的深入开展。

中共中央宣传部

中华人民共和国教育部

中华人民共和国司法部

全国普及法律常识办公室

二〇〇七年七月二十四日

为认真贯彻落实中共中央、国务院转发的《中央宣传部、司法部关于在公民中开展法制宣传教育的第五个五年规划》和教育部印发的《全国教育系统法制宣传教育第五个五年规划》的精神和要求，指导各地中小学校全面、规范地开展青少年法制教育，特制定本指导纲要。

一、中小学法制教育的总体要求、基本原则和主要任务

（一）总体要求

开展中小学法制教育，要以邓小平理论和“三个代表”重要思想为指导，全面贯彻落实科学发展观，紧密结合深入贯彻落实《中共中央国务院关于进一步加强和改进未成年人思想道德建设的若干意见》，着眼于社会主义和谐社会的总要求；结合中小学生的生活实际和成长特点，致力于帮助他们不断提高法律素养，牢固确立社会主义荣辱观，逐步成为有理想、有道德、有文化、有纪律的社会主义建设者和接班人。

（二）基本原则

实施中小学法制教育，必须贯彻以下原则：

1. 贴近实际、贴近生活、贴近学生的原则。既要遵循思想道德建设的普遍规律，又要体现法制教育的特点，适应中小学生身心成长的特点和接受能力，积极倡导深入浅出、循循善诱的方式，采用通俗鲜活的语言、生动的典型事例，体现教学的互动性和趣味性，增加吸引力和感染力，提高法制教育的针对性和实效性。

2. 法律知识教育与法治实践教育相结合的原则。采取多种方式为学生提供了解和参与法治实践的机会，教育和引导学生在实践当中掌握法律知识，领会法治理念，提高法律素质。

3. 整合性原则。将法制教育与学校学科教学相结合，渗透到相关学科教学中；与各种教育活动相结合，融入到教育活动中；与必要的专项教育相结合，形成多角度、宽领域、复合式的法制教育格局。

（三）主要任务

开展中小学法制教育的主要任务是：努力培养中小学生的爱国意识、公民意识、守法意识、权利义务意识、自我保护意识，养成尊重宪法、维护法律的习惯，帮助他们树立正确的人生观、价值观和荣辱观，树立依法治国和公平正义的理念，提高分辨是非和守法用法的能力，引导他们做知法守法的合格公民。

二、中小学法制教育的内容

（一）小学生法制教育的内容

在小学阶段，进行初步的法律意识、权利意识和自我保护意识的启蒙教育，使学生具备初步的法律观念和权利观念。

1. 了解社会生活中有规则，法律是社会生活中人人都要遵守的具有强制性的规则。法律规定人们在日常生活和各种特定条件下能够做什么、必须做什么或禁止做什么。

2. 初步了解法律的作用，体会法律代表公平正义，维护秩序，保障自由，保护人身、财产等权力不受侵犯。

3. 了解自己依法享有的权利，任何人的权利不可随意剥夺和侵犯。法律面前，人人平等。

4. 了解宪法是国家的根本大法，是制定其他法律的依据，具有最高的法律效力，初步建立宪法意识。

5. 初步了解未成年人权利的基本内容，了解宪法规定的公民基本权利的内容，知道生命健康权、人身自由权、姓名权、受监护权、休息权、隐私权、财产权、继承权、受教育权等基本权利应当受到保护，增强权利意识。

6. 掌握初步的自我保护方法，知道权利受到侵犯时如何寻求法律保护，了解寻求法律保护的渠道。

（二）初中学生法制教育的内容

依据初中学生的生理心理特征、认知水平、生活经验和成长需求，在小学法制教育的基础上，须着力进行以下几方面的教育：

1. 进一步学习宪法的基本知识，增强宪法意识。

2. 知道法治精神体现了社会公平、正义的要求，反映了人与人之间的平等关系。

3. 理解我国公民权利的广泛性、现实性、平等性，懂得公民在享有权利的同时必须履行相应的法定义务，懂得不承担法定义务或触犯法律要承担法律责任。

4. 懂得法律维护社会秩序，能够协调人与自然、人与社会的协调发展。着重了解与学生生活密切相关的刑事、民事、行政管理等方面的法律知识。

5. 了解预防未成年人犯罪法的有关内容，知道违法和犯罪的含义，认识违法犯罪的危害，知道不良行为容易导致违法犯罪，违法犯罪会受到法律的惩罚。抵制不良诱惑，养成遵纪守法的习惯。懂得未成年人要在保证自身安全的条件下见义勇为，知道揭发检举、及时报警、正当防卫等是同犯罪作斗争的有效手段。

6. 懂得未成年人权益应当受到国家保护，知道未成年人保护法关于家庭保护、学校保护、社会保护、司法保护的主要内容，掌握自我保护和维权的方法，学会采用诉讼或者非诉讼方式维护合法权益。

（三）普通高中学生法制教育的内容

高中阶段的法制教育要适应学生已有知识水平和身心发展特点，考虑即将步入社会的现实需要，须着力进行以下几方面的教育：

1. 了解法律反映了个人自由与社会秩序之间的关系，理解法律规范存在的价值，形成理性的法律意识和法治观念，懂得依法治国是我国社会主义建设的重要方略。

2. 知道法律是国家意志的体现，了解法律具有维护社会秩序、实现社会公正、规范法律主体行为、调整利益关系的功能，促进个人、社会、环境的协调发展。

3. 了解规范我国政治、经济和文化生活方面的主要法律。理解宪法关于我国国体、政体、国家机构的设置和职权的相关规定，了解与公民参与政治生活相关的法律。理解宪法关于我国基本经济制度和基本分配制度的规定，了解发展社会主义市场经济的相关法律法规。了解我国加强教育、科学、文化等社会主义精神文明建设的相关法律。

4. 了解国际法的基本原则和我国批准的重要国际公约，特别是国际人权公约、世界贸易组织公约、保护人类环境的国际公约等有关知识，树立全球意识。

5. 理解公民权利和义务的关系，了解公民权利的主要内容，懂得公民在享有权利的同时必须履行相应的法定义务，树立正确的权利观和义务观。

三、中小学法制教育的实施途径

中小学生法制教育要以有机渗透在学校教育的各门学科、各个环节、各个方面为主，同时，利用课内课外相结合等方式开展形式多样的专题教育和丰富多彩的课外活动。要重视整合学校、家庭和社会的法制教育资源，发挥整体合力，提高法制教育的实效。

（一）学科教学

1. 骨干学科教学

小学的品德与生活、品德与社会等学科，初中的思想品德、历史与社会、地理等学科，高中的思想政治、历史等学科，是法制教育的骨干学科。要在这些学科的教学中挖掘法制教育内容，增强法制教育，分层次、分阶段，适时、适量、适度地对学生进行生动活泼的法制教育。

（1）小学阶段

《品德与生活》：在学生能感受、能观察、能体验的日常生活中渗透法制教育，采取适合小学生接受能力的各种生动有趣的活动方式，使学生初步了解法律，引导学生初步树立正确的价值观和良好的行为习惯。

《品德与社会》：在学生思考和探究的学习过程中渗透基本的法律知识教育，理解法律在社会生活中的意义，认识法律在维护社会秩序中的重要作用，学习运用法律知识思考和分析一些简单的社会生活现象，学习运用法律手段保护自己、规范自身行为，从小做一个知法守法的公民。

（2）初中阶段

《思想品德》：结合学生的品德修养，采取分散与集中相结合的方式，将法制教育作为重要的教学内容。在小学法制教育的基础上，了解法律是具有强制性的行为规范，了解我国法律对未成年人的特殊保护，学会运用法律维护合法权益；了解我国法律对预防未成年人犯罪的规定，增强自我防范意识；了解宪法和法律对公民权利和义务的规定，能够正确行使权利，履行义务；了解依法治国是我国的治国方略，增强依法办事意识，自觉维护法律的权威。

《历史与社会》：结合具体的教学情境和内容，体会现实社会生活中相关法律规则和制度的意义；从历史角度了解我国的民主与法制建设，依法行使公民的权利，自觉履行公民的义务，承担应有的社会责任。

《地理》：结合中国的自然资源的教学，了解保护自然环境和合理开发利用自然资源所应遵循的公约、法律和法规，渗透法治观念，培养科学的人口观、资源观和环境观。

（3）普通高中阶段

《思想政治》：结合经济生活、政治生活和文化生活等必修课程的教学，了解法律知识在现实生活中的具体运用，感受法律的作用和权威，增强法律意识和法律观念，理解依法治国的紧迫性和重要性。通过选修课《生活中的法律常识》的学习，掌握民事权利与义务、信守合同与违约、就业与创业、婚姻与家庭、法律救助等生活中常见的法律知识。

《地理》：通过高中地理必修和选修课程的学习，了解相关国际公约和我国有关的法律法规及政策，认识法律在解决当前人口、资源、环境等问题中的重要作用，增强法治观念。

2. 相关学科渗透

语文、生物、体育等学科蕴涵着丰富的与法制教育相联系的内容。教师要在学科教学中结合教学内容，挖掘法制教育因素，对学生进行法治文明、公平正义、恪守规则等方面的教育。例如，语文课通过文学作品中的典型人物和事件，渗透崇尚公平正义、违法要承担责任、履行义务光荣等教育；生物课对学生进行保护环境、热爱生命、尊重人权的教育；体育课对学生进行遵守规则、崇尚公正的教育等等。各相关学科对学生渗透法制教育，要充分运用与学生密切相关的事例，学科史上的有趣材料作为教学资源，利用多种手段和方法开展法制教育活动。

(二) 专题教育

采用必要的专题教育形式，增强学生的法律意识和法治观念，提高法制教育的针对性和实效性。要从学生的认知水平、学习兴趣、思想认识、行为表现和社会实际出发，开展灵活多样、富有成效的专题教育活动，倡导自主探究、合作交流、实践体验的学习方式。法制专题教育要与道德教育、心理教育、青春期教育、生命教育紧密结合，与安全、禁毒、预防艾滋病、环境、国防、交通安全、知识产权等专项教育有机整合，使之融为一体。

(三) 课外活动

课外活动是学生学习法律、践行法律的重要途径。要充分利用班团队活动、学生社团活动、节日纪念日活动、仪式教育、社会实践活动等多种载体，开展生动活泼的法制教育活动，增强学生依法律己、依法办事的自觉性。

1. 班团队活动

少先队和共青团组织要积极创造条件，为学生提供有意义的法制教育活动，使学生真正懂得集体要有纪律、要有规则，每个集体成员要懂规则、守规则，要在享有法定权利的同时履行应尽的各项义务。班集体活动要结合学生思想和行为的实际，有针对性地开展法制教育活动。

2. 学生社团活动

学生社团是帮助学生增强法律意识的重要载体。要支持和指导学生社团广泛开展与法制教育相关的校园文化活动，大力发展内容丰富、形式多样的兴趣小组，逐步培养学生参与群体生活的能力、按规则办事的习惯。结合不同社团活动的特点，进行相关法制教育，充分发挥学生思想活跃的特点和开拓创新的能力，引导学生思考生活中的法律问题，参与法制实践与宣传，积极承担社会责任。

3. 节日、纪念日宣传教育活动

要充分利用现有中国传统节日、法定节日和纪念日，如“3. 15”消费者权益日、“6. 26”国际禁毒日、“12. 4”全国法制宣传日等，开展有针对性的法制宣传教育活动。

4. 仪式教育活动

学校要通过学生入学仪式、开学典礼和毕业典礼、18 岁成人仪式以及入队、入团、入党等各种仪式，精心组织设计，渗透法制教育，使学生了解自己的健康成长与法律的关系，培养爱法、敬法的情感，增强守法、用法的能力。

5. 社会实践活动

学校要组织学生到人大、法院、监狱等机构旁听和参观，开展模拟人大、模拟法庭等活动，通过了解和分析真实的事例，了解相关法律，增加法制观念。

(四) 个别辅导

学校教师特别是班主任老师要针对个别学生中出现的违法违纪行为，进行积极的教育和管理；要关注学生思想、情绪、行为等方面的变化，及时进行法律、道德、心理等多方面的辅导，帮助他们克服缺点、改正错误、健康成长。

四、中小学法制教育的措施

(一) 组织措施

各级党委宣传部门、政府教育行政和司法行政部门要高度重视，加强对中小学法制教育工作的领导。教育行政部门要从实际出发，制订法制教育的实施计划，整合当地德育、教研、科研等部门的力量，进行法制教育的研究和实践；学校由校长（或分管校长）负责，把法制教育作为教育教学和课程改革的重要内容。除学科课程所占课时外，每学年要根据法制教育的要求和实际情况，结合学校课程实际，安排合理的课时用于法制专题教育活动，法制专题教育的时间纳入学校总体教学计划，确保课时，保证质量。

(二) 资源利用

各地教育行政部门和学校要多方开发和利用校内外丰富的法制教育资源，加强法制教育的软件建设，积极开发图文资料、教学课件、音像制品等教学资源；利用网络、影视、图书馆、爱国主义教育基地等社会资源，丰富法制教育的内容和手段。司法、公安部门应选择适合青少年参观的相关普法教育机构和设施，开辟为中小学法制教育基地，向未成年人开放，为青少年法制教育服务。

各地进行法制教育使用的相关材料必须科学、系统、权威，既要符合青少年认识特点和成才需求，又要充分体现法制教育的科学性、规范性、严密性。原则上以结合相关课程教学为主，不另外编写法制教育教材，也不得强行组织学生集体购买。

(三) 队伍培训

各地教育行政部门要有规划地培养专兼职相结合的法制宣传教育队伍，鼓励有条件的中小学聘任法制教育专、兼职教师。要对全体教师进行有关法制教育基本知识和必备能力的培训；对学科教师、法制教育辅导员要加强专业技能的培训，尤其对品德与生活、品德与社会、历史与社会、思想品德、思想政治课程教师加强法律专业知识的培训，培养、壮大和提高法制教育的师资队伍。

（四）社会支持

各地教育行政部门要积极依靠司法、行政执法部门和社会专业机构的力量，为广大中小学师生提供法律咨询等专业支持，开发开放法制教育资源，提高法制教育的质量；要积极协调社区、家庭等社会资源，提供充足的教育设施和条件，为中小学生法制教育营造良好的环境。

教育部 司法部 中央综治办 共青团中央 全国普法办关于进一步加强青少年学生法制教育的若干意见

教政法〔2013〕12号

各省、自治区、直辖市教育厅（教委）、司法厅（局）、综治办、团委、普法办，各计划单列市教育局、司法局、综治办、团委、普法办，新疆生产建设兵团教育局、司法局、综治办、团委、普法办，有关部门（单位）教育司（局）：

为深入贯彻落实党的十八大精神，全面实施《国家中长期教育改革和发展规划纲要（2010—2020年）》和国家教育普法规划，整体提升青少年学生法律素质，现对进一步加强青少年学生法制教育工作提出以下意见。

一、深刻认识整体提升青少年学生法律素质的重要性和紧迫性

法律素质是现代社会公民健康成长、参与社会、幸福生活的核心素质之一。党中央、国务院转发的“六五”普法规划把领导干部和青少年作为法制宣传教育的重中之重。加强青少年学生法制教育是贯彻党的教育方针、实施素质教育、培养社会主义合格公民的客观要求，是落实依法治国基本方略、建设社会主义法治国家的基础工程。

国家实施普法规划以来，各地、各学校越来越重视青少年学生法制教育工作，广大青少年学生法律素质有了明显提高。但从总体上看，青少年学生法制教育仍然存在定位不够明确、思想认识不够到位、教育内容不够系统、保障条件不够有力等问题，直接影响了青少年学生法制教育的效果。党的十八大关于立德树人、全面推进依法治国的目标任务对青少年学生法制教育工作提出了新的更高要

求。各级教育行政、司法行政、综治、共青团组织和各级各类学校要把青少年学生法制教育放在基础性、全局性、战略性地位，切实提高思想认识，完善工作机制，加大工作力度，全面提升青少年学生法制教育工作水平。

二、青少年学生法制教育的总体要求

法律意识需要从小启蒙，法律素质需要系统培养。青少年学生法制教育要以弘扬社会主义法治精神，树立社会主义法治理念，培养知法尊法守法用法的合格公民为根本目标；要自觉遵循青少年学生成长规律和法制教育规律，坚持规则教育、习惯养成与法治实践相结合，坚持课堂教学主渠道，积极开拓第二课堂，深入开展“法律进学校”活动，统筹发挥学校、家庭、社会各方作用。

把社会主义法治理念贯穿于大中小学法制教育全过程。小学阶段要重点开展法律启蒙教育，让学生初步了解宪法、法律的地位和作用，了解未成年人权利的基本内容和未成年人保护的法律法规，具备自我保护的意识，初步掌握自我保护的方法，初步树立规则意识、平等意识、权利义务观念。初中阶段要让学生进一步学习宪法的基本知识，了解法治的精神，理解公民权利与义务的关系，学习与其生活密切相关的民事、刑事、行政管理等方面的法律知识，了解预防未成年人犯罪法的有关内容，养成遵纪守法的习惯，提高依法保护合法权益的意识、能力。高中阶段要让学生形成法律意识和法治观念，懂得法治是治国理政的基本方式，知道法律的功能、作用，了解我国政治、经济、文化生活等方面的主要法律以及国际法的基本原则、我国批准的重要国际公约。高等学校要进一步培养学生法律意识，使学生了解现代法学的基本理论和中国特色社会主义法律体系中的基本法律原则、法律制度及民事、刑事、行政法律规范，提高运用法律知识分析、解决实际问题的意识和能力。

健全学校、家庭、社会“三位一体”的青少年学生法制教育格局，充分发挥社会教育在青少年学生法制教育中的作用。要重视对特殊青少年群体的法制教育。教育行政部门要会同有关部门，推动家庭、学校有针对性地对有不良行为学生开展法制教育。专门学校要适当增加法制教育的内容，通过多种教育形式对学生进行矫治。要特别重视开展好未成年犯管教所、强制隔离戒毒所、劳教所、拘留所、看守所等特殊场所内青少年的法制教育。

三、落实法制教育相关课程和活动

将法制教育纳入学校总体教育计划。普通中小学要落实好《品德与社会》、《思想品德》、《思想政治》中的法制教育内容；中等职业学校要落实好《职业道德与法律》中的法制教育内容，会同实习单位有针对性地做好实习学生的法制教育；高等学校要开好《思想道德修养与法律基础》课程，开设法律选修课和法治讲座。支持中小学在语文、历史、地理等课程中有针对性地渗透法制教育，在安全、环境保护、禁毒、国防等专题教育中突出法制教育内容。学校可利用新生入学教育、主题班会等形式开展法制教育活动。学校要保证法制教育时间，不得挤占、减少法制教育课时和法制教育活动时间。

四、加强法制教育资源建设

鼓励和支持地方编写出版符合中小学学生认知特点和理解接受能力的法制教育课件、音像资料等法制教育教学资源，并积极创造条件免费提供给中小学校。加快建设好教育部全国青少年普法网。推进青少年法制教育校外实践基地建设。鼓励利用学校结构布局调整闲置的校舍场地，规划建设专门的青少年法制教育基地。各地教育行政、司法行政、综治办、共青团等部门、组织之间要加强协作，推动各类法制教育基地免费对青少年学生开放，并不断增加和完善法治实践模拟内容，完善法制教育功能。

五、增强法制教育的实践性

鼓励学校组织模拟法庭、法制征文、法制绘画等活动。把情感、时尚、艺术元素引入法制宣传教育活动当中，充分运用传统媒体和互联网、手机等新媒介，提升青少年学生的参与积极性。要创造条件，为学校组织学生参观各类国家机关、观摩执法、司法活动提供便利。让学生参与学校建章立制过程和社会公共事务，提高学生的公民意识和法律运用能力。鼓励各地开发网络教育课程，征集法制教育精品课件、视频，推进远程教育，使农村和边远贫困地区学生都能够接受到法制教育。充分利用全国法制宣传日、禁毒日等时间节点，集中开展相关的法制宣传教育主题活动。

六、加强法制教育工作力量

积极探索在中小学设立法制教育专职岗位。中小学要聘用1—2名法制教育专任或兼任教师，鼓励高校法律专业毕业生到中小学任教，鼓励其他教师参与法制教育。暂不具备条件的学校，县级教育行政部门可采取多校同聘用法制课教师的方式。加强对校长和教师的法制培训，将法制教育内容纳入“国培计划”。省级教育行政部门要有针对性地组织专门的法制课骨干教师、专任教师培训班，在其他各类教师培训中增加法制教育内容。完善兼职法制副校长（辅导员）制度，进一步明确其职责，完善相关工作机制。加强法律志愿者、专业社工队伍建设，充分发挥本地高等学校法律院系教师和大学生、离退休法律工作者等专业人员的专长，为学校法制教育服务。

七、强化经费保障

各级教育行政部门和有关部门要统筹安排相关经费，支持青少年学生法制教育，支持法制教育基地、教育普法网站建设和教师法制培训、法制教育教学研究工作。学校要将法制教育纳入学校工作总体规划和年度计划，将所需经费纳入年度预算。地方各级教育行政部门及其他有关部门，要积极创造条件为青少年学生免费提供法制教育资源。积极动员全社会力量、整合各种资源支持青少年学生法制教育。

八、健全法制教育考核与督导制度

将法律素质纳入学生综合素质评价体系。教育行政部门要把青少年学生法制教育工作情况纳入依法治校工作指标体系，将学生法制教育作为对学校年度考核的重要内容。各级人民政府教育督导机构要将学校法制教育纳入教育督导范围。对法制宣传教育工作相对滞后的学校，有关部门要予以督促和帮扶。

九、加强组织领导、完善工作机制

各地要建立党委、政府统一领导，教育行政部门牵头，司法、综治、共青团等部门共同参与的青少年法制教育工作机制。有关职能部门和社会组织要充分发挥各自资源优势，做好相关领域内的青少年法制教育工作。各级各类学校要建立和完善青少年学生法制教育领导体制和工作机制，学校主要领导负责学校法制教育工作，有一名校级领导主抓学生法制教育，明确学校法制教育带头人和业务骨干，将法制教育落实到相应的岗位职责，纳入工作计划，纳入日常管理，纳入绩效考核。引导大众传媒切实承担起法制宣传教育的社会责任，把青少年学生作为法制宣传教育的重点人群，通过多种形式，开展适合青少年学生特点的公益法制宣传活动。

地方各级教育行政部门要按照本意见的要求，结合实际，制定具体办法和配套措施，明确责任分工，确定工作重点，将国家教育普法规划和本意见的有关要求落到实处。贯彻落实中的典型经验，及时报送教育部全国教育普法领导小组办公室。

教育部　司法部　中央综治办

共青团中央　全国普法办

2013年6月13日

学生健康教育

中小学生健康体检管理办法

卫生部　教育部

关于印发《中小学生健康体检管理办法》的通知

卫医发〔2008〕37号

各省、自治区、直辖市卫生厅局、教育厅（教委），新疆生产建设兵团卫生局、教育局：

为贯彻落实《中共中央国务院关于加强青少年体育增强青少年体质的意见》精神，做好中小学生健康体检的管理工作，根据《学校卫生工作条例》、《国家学校体育卫生条件试行基本标准》、《预防性健康检查管理办法》等有关规定要求，卫生部、教育部联合制定了《中小学生健康体检管理办法》。现印发给你们，请遵照执行。

本通知自印发之日起施行。

中华人民共和国卫生部

中华人民共和国教育部

二〇〇八年六月二十七日

一、健康体检基本要求

（一）新生入学应建立健康档案。学校应组织所有入学新生进行健康体检，建立健康档案。小学新生可在家长或监护人的陪伴下前往指定的健康体检机构或由健康体检机构人员前往学校进行健康体检。

（二）在校学生每年进行一次常规健康体检。

（三）在校学生健康体检的场所可以设置在医疗机构内或学校校内。设置在学校内的体检场地，应能满足健康体检对检查环境的要求。

二、健康体检项目

（一）病史询问。

（二）体检项目。

1. 内科常规检查：心、肺、肝、脾；

2. 眼科检查：视力、沙眼、结膜炎；

3. 口腔科检查：牙齿、牙周；

4. 外科检查：头部、颈部、胸部、脊柱、四肢、皮肤、淋巴结；

5. 形体指标检查：身高、体重；

6. 生理功能指标检查：血压；

7. 实验室检查：

（1）结核菌素试验＊；

（2）肝功能＊＊：谷丙转氨酶、胆红素。

注：“＊”小学、初中入学新生必检项目；

“＊＊”寄宿制学生必要时到符合规定的医疗机构进行的体检项目。

其他项目应根据国家相关法律、法规、规定所要求开展的检查项目或根据地方具体情况，进行适当增补，涉及实验室和影像学检查必须在医疗机构内完成。

三、健康检查结果反馈与档案管理

（一）学生健康体检机构在体检结束后，应分别向学生（家长）、学校和当地教育行政部门反馈学生个体健康体检结果与学生群体健康评价结果。

（二）健康检查结果的反馈形式。

健康体检机构以个体报告单形式向学生反馈健康体检结果；以学校汇总报告单形式向学校反馈学生体检结果；将所负责的体检学校的学生体检结果统计汇总，以区域学校汇总报告单形式上报当地教育行政部门，当地教育行政部门再逐级上报。

（三）健康体检报告单内容。

1. 个体报告单内容应包括学生个体体检项目的客观结果、对体检结果的综合评价以及健康指导建议；

2. 学校汇总报告单内容应包括学校不同年级男女生的生长发育、营养状况的分布、视力不良、龋齿检出率、传染病或缺陷的检出率，不同年级存在的主要健康问题以及健康指导意见；

3. 区域学校汇总报告单内容应包括所检查学校学生的总体健康状况分析，包括生长发育、营养状况的分布、视力不良、龋齿检出率、传染病或缺陷检出率以及健康指导意见。

（四）健康检查报告单的反馈时限。

个体报告单应于健康检查后 2 周内反馈学生；学校汇总报告单应于检查后 1 个月内反馈给学校；区域学校汇总报告单应于检查后 2 个月内反馈当地教育行政部门。

（五）学生健康档案管理。

学校和教育行政部门应将学生健康档案纳入学校档案管理内容，实行学生健康体检资料台帐管理制度；应根据学生健康体检结果和体检单位给出的健康指导意见，研究制订促进学生健康的措施，有针对性地开展促进学生健康的各项工作。

四、健康体检机构资质

（一）机构条件。

1. 具有法人资格、持有有效的《医疗机构执业许可证》、由政府举办的公立性医疗机构（包括教育行政部门所属的区域性中小学卫生保健机构）；

学生健康体检机构必须报经学校主管教育行政部门备案；

2. 能独立开展学生健康检查工作；

3. 能对学生健康检查状况进行个体和群体评价、分析、反馈，并提出健康指导建议；

4. 有独立、固定的办公场所和足够的学生健康检查场所、工作条件和必备的合格的医疗检查设备与检验仪器；

5. 有健全的规章制度、有国家制定或认可的医疗护理技术操作规程。

（二）人员要求。

1. 体检岗位设置合理，管理职责明确；

2. 有足够的与学生健康体检项目相适应的管理、技术、质量控制和统计人员；按体检项目确定从事健康体检的人员，每个体检项目不得少于 1 人（其中：检验人员不少于 2 人）；

3. 具有与学生健康检查工作和学生常见病防治有关的知识和经验；

4. 专业技术负责人应熟悉本专业业务，技术人员的专业与学生健康检查的项目相符合；

5. 内科、外科、口腔科、眼科检查及实验室检验的人员必须具有相应的专业技术职务任职资格；各专业体检医师至少有 1 人具有中级以上专业技术职务任职资格；

6. 具有中级以上专业技术职务任职资格的人员不得少于从事学生健康检查总人数的 30%。

（三）场所设置基本要求。

具有独立于医院诊疗区之外的健康人群体检场所，设有专门的检查室及辅助功能设施：

1. 有学生集合场地，并设有室内候诊区（不小于 20 平方米）；

2. 男女分开的内科、外科检查室（各不少于 1 间）；

3. 眼科、口腔科检查室；

4. 化验室、消毒供应室；

5. 男、女卫生间。

体检场所应按照《医院消毒技术规范》的要求进行消毒处理，符合《医院消毒卫生标准（GB15982—1995）》中三类环境的消毒卫生标准，保证卫生安全。医疗废物处理应符合国务院《医疗废物管理条例》的规定。生物样本的采集和留存应符合国家有关卫生标准的规定和相关检验技术规范的要求；生物样本的运输应按照国家相关规定执行。

（四）仪器设备。

学生健康体检所需的医疗检查设备与检验仪器的种类、数量、性能、量程、精度能满足工作需要，并能良好运行，定期校验；仪器设备有完整的操作规程。

1. 实验室基本设备：

（1）分光光度计；

（2）恒温箱；

（3）离心机；

（4）电冰箱；

（5）高压灭菌设备；

（6）显微镜；

（7）紫外线灯。

2. 体检基本设备：

（1）听诊器；

（2）血压计；

（3）身高坐高计；

（4）体重秤（杠杆式）；

（5）对数灯光视力表箱；

（6）检眼镜片箱；

（7）口腔科器械（平面口镜、五号探针）；

（8）全自动或半自动生化仪；

(9) 诊察床;

(10) 与开展的诊查科目相应的其他设备。

体检器具的消毒应符合《医院消毒卫生标准(GB15982—1995)》中的医疗用品卫生标准的规定。

(五)其他。

1. 学生体检表由各省(区、市)卫生行政部门统一制定;

2. 健康体检机构应有良好的内务管理,检查仪器放置合理,便于操作,配有必要的消毒、防污染、防火、控制进入等安全措施;

3. 检测方法应尽可能采用国际、国家、行业或地方规定的方法或标准;

4. 编制有质量管理体系文件,并严格开展质量控制;

5. 为检验样品建立唯一识别系统和状态标识,应当编制有关样品采集、接收、流转、保存和安全处置的书面程序;

6. 体检报告按照规定书写、更改、审核、签章、分发、保存和统计;

7. 开展健康体检的机构应按照有关规定收取体检费用。

五、健康体检经费及管理

(一)义务教育阶段学生健康体检的费用由学校公用经费开支,学生健康体检经费管理(拨付)办法由省级教育、财政部门共同制定。

(二)义务教育阶段的学生健康体检具体费用标准由省级财政、物价、教育、卫生等相关部门根据本管理办法确定的健康体检项目,以及当地教育、卫生状况和经济发展水平确定。

(三)非义务教育阶段的学生健康体检费用标准和解决办法,由省级人民政府统一制定。

六、健康体检培训与考核

各省(区、市)落实本管理办法,参加学生健康体检的机构及人员必须进行统一培训,统一体检标准。县级以上卫生行政部门负责组织健康体检人员的培训、考核。健康体检人员必须经培训考核合格后方可上岗。

关于加强健康促进与教育的指导意见

国卫宣传发〔2016〕62号

各省、自治区、直辖市卫生计生委、党委宣传部、教育厅（委、局）、财政厅（局）、环境保护厅（局）、工商局、新闻出版广电局、体育局、中医药局、科协，新疆生产建设兵团卫生局、党委宣传部、教育局、财政局、环境保护局、工商局、新闻出版广电局、体育局、科协：

加强健康促进与教育，提高人民健康素养，是提高全民健康水平最根本、最经济、最有效的措施之一。当前，由于工业化、城镇化、人口老龄化以及疾病谱、生态环境、生活方式不断变化，我国仍然面临多重疾病威胁并存、多种健康影响因素交织的复杂局面。为贯彻落实全国卫生与健康大会精神，全面提升人民群众健康水平，依据《中共中央国务院关于深化医药卫生体制改革的意见》（中发〔2009〕6号）和《“健康中国2030”规划纲要》《“十三五”卫生与健康规划》《“十三五”期间深化医药卫生体制改革规划》，现就加强健康促进与教育工作提出如下意见。

一、总体要求

（一）指导思想

全面贯彻党的十八大和十八届二中、三中、四中、五中全会精神，深入学习贯彻习近平总书记系列重要讲话精神，按照“五位一体”总体布局和“四个全面”战略布局要求，牢固树立新发展理念，认真落实党中央、国务院决策部署，坚持“以基层为重点，以改革创新为动力，预防为主，中西医并重，把健康融入所有政策，人民共建共享”的卫生与健康工作方针，以满足人民群众健康需求为导向，以提高人群健康素养水平为抓手，以健康促进与教育体系建设为支撑，着力创造健康支持性环境，倡导健康生活方式，努力实现以治病为中心向以健康为中心的转变，促进全民健康和健康公平，推进健康中国建设。

（二）基本原则

坚持以人为本。以人的健康为中心，根据群众需求提供健康促进与教育服务，引导群众树立正确健康观，形成健康的行为和生活方式，提升全民健康素养。强化个人健康意识和责任，培育人人参与、人人建设、人人共享的健康新生态。

坚持政府主导。始终把人民健康放在优先发展的战略地位，强化各级政府在健康促进与教育工作中的主导作用，将居民健康水平作为政府目标管理的优先指标，加强组织领导和部门协作，共同维护群众健康权益。

坚持大健康理念。注重预防为主、关口前移，关注生命全周期、健康全过程，推进把健康融入所有政策，实施医疗卫生、体育健身、环境保护、食品药品安全、心理干预等综合治理，有效应对各类健康影响因素。

坚持全社会参与。充分发挥社会各方面力量的优势与作用，调动企事业单位、社会组织、群众参与健康促进与教育工作的积极性、主动性和创造性，建立健全多层次、多元化的工作格局，使健康促进成为全社会的共识和自觉行动。

（三）主要目标

到2020年，健康的生活方式和行为基本普及并实现对贫困地区的全覆盖，人民群众维护和促进自身健康的意识和能力有较大提升，全国居民健康素养水平达到20%，重大慢性病过早死亡率比2015年降低10%，减少残疾和失能的发生。健康促进与教育工作体系进一步完善，“把健康融入所有政策”策略有效实施，健康促进县（区）、学校、机关、企业、医院和健康家庭建设取得明显成效，影响健康的主要危险因素得到有效控制，有利于健康的生产生活环境初步形成，促进“十三五”卫生与健康规划目标的实现，不断增进人民群众健康福祉。

二、推进“把健康融入所有政策”

（四）宣传和倡导“把健康融入所有政策”

充分认识社会、经济、环境、生活方式和行为等因素对人群健康的深刻影响，广泛宣传公共政策对公众健康的重要影响作用，坚持“把健康融入所有政策”的策略。地方各级政府要建立“把健康融入所有政策”的长效机制，构建“政府主导、多部门协作、全社会参与”的工作格局。

（五）开展跨部门健康行动

各地区各部门要把保障人民健康作为经济社会政策的重要目标，全面建立健康影响评价评估制度，系统评估各项经济社会发展规划和政策、重大工程项目对健康的影响。各地要针对威胁当地居民健康的主要问题，研究制订综合防治策略和干预措施，开展跨部门健康行动。地方各级政府要加大对健康服务业的扶持力度，研究制订相关行业标准，建立健全监管机制，规范健康产业市场，提高健康管理服务质量。

三、创造健康支持性环境

（六）加强农村地区健康促进与教育工作

针对农村人口健康需求，广泛宣传居民健康素养基本知识和技能，提升农村人口健康意识，形成良好卫生习惯和健康生活方式。做好农村地区重点慢性病、传染病、地方病的预防与控制，加大妇幼健康工作力度，在贫困地区全面实施免费孕前优生健康检查、农村妇女增补叶酸预防神经管缺陷、农村妇女“两癌”（乳腺癌和宫颈癌）筛查、儿童营养改善、新生儿疾病筛查等项目。全面推进健康村镇建设，持续开展环境卫生整洁行动，实施贫困地区农村人居环境改善扶贫行动和人畜分离工程，加快农村卫生厕所建设进程，实施农村饮水安全巩固提升工程，推进农村垃圾污水治理，有效提升人居环境质量，建设健康、宜居、美丽家园。

（七）加强学校健康促进与教育工作

将健康教育纳入国民教育体系，把健康教育作为所有教育阶段素质教育的重要内容。以中小学为重点，建立学校健康教育推进机制。加强学校健康教育师资队伍建设。构建相关学科教学与教育活动相结合、课堂教育与课外实践相结合、经常性宣传教育与集中式宣传教育相结合的健康教育模式。改善学校卫生环境，加强控烟宣传和无烟环境创建，做好学生常见病的预防与控制工作。确保学生饮食安全和供餐营养，实施贫困地区农村义务教育学生营养改善计划。开展学生体质监测。重视学校体育教育，促进学校、家庭和社会多方配合，确保学生校内每天体育活动时间不少于1小时。实施好青少年体育活动促进计划，促进校园足球等多种运动项目健康发展，让主动锻炼、阳光生活在青少年中蔚然成风。

（八）加强机关和企事业单位健康促进与教育工作

在各类机关和企事业单位中开展工作场所健康促进，提高干部职工健康意识，倡导健康生活方式。加强无烟机关建设，改善机关和企事业单位卫生环境和体育锻炼设施，推行工间健身制度，倡导每天健身1小时。举办健康知识讲座，开展符合单位特点的健身和竞赛活动，定期组织职工体检。加强安全生产工作，推进职业病危害源头治理，建立健全安全生产、职业病预防相关政策，强化安全生产和职业健康体系，督促企业完善安全生产和职业病防治制度，为职工提供必要的劳动保护措施，预防和控制职业损害和职业病发生。要积极组织协调，发挥国有企业在健康促进工作中的示范作用。

（九）加强医疗卫生机构健康促进与教育工作

将各级各类医疗卫生机构作为健康促进与教育的重要阵地，坚持预防为主，推进防治结合，实现以治病为中心向以健康为中心转变，推动健康管理关口前移，发挥专业优势大力开展健康促进与教育服务。各级各类医疗卫生机构要加强医患沟通和科普宣传，围绕健康维护、慢性病和传染病防治、妇幼健康、心理健康、合理膳食、老年保健等重要内容，开展健康教育和行为干预，普及合理用药和科学就医知识，提高群众防病就医能力。要改善医院诊疗和卫生环境，创建医疗卫生机构无烟环境，在医院设置戒烟门诊，提供戒烟咨询和戒烟服务。

（十）加强社区和家庭健康促进与教育工作

依托社区，广泛开展“健康家庭行动”“新家庭计划”和“营养进万家”活动。以家庭整体为对象，通过健全健康家庭服务体系、投放健康家庭工具包、创建示范健康家庭、重点家庭健康帮扶等措施，为家庭成员提供有针对性的健康指导服务。提高家庭成员健康意识，倡导家庭健康生活方式。

（十一）营造绿色安全的健康环境

按照绿色发展理念，实行最严格的生态环境保护制度，建立健全环境与健康监测、调查、风险评估制度，重点抓好空气、土壤、水污染的防治，加快推进国土绿化，治理和修复土壤特别是耕地污染，全面加强水源涵养和水质保护，综合整治大气污染特别是雾霾问题，全面整治工业污染，切实解决影响人民群众健康的突出环境问题。将健康列为社会治理的重要目标，统筹区域建设与人的健康协调发展，全面推进卫生城市和健康城市、健康促进县（区）建设，形成健康社区、健康村镇、健康单位、健康学校、健康家庭等建设广泛开展的良好局面。贯彻食品安全法，完善食品安全体系，加强食品安全监管，建立食用农产品全程追溯协作机制，加强检验检测能力建设，提升食品药品安全保障水平。牢固树立安全发展理念，健全公共安全体系，促进道路交通安全，推进突发事件卫生应急监测预警和紧急医学救援能力建设，提升防灾减灾能力，努力减少公共安全事件对人民生命健康的威胁。健全口岸公共卫生体系，主动预防、控制、应对境外突发公共事件。

四、培养自主自律的健康行为

（十二）倡导健康生活方式

深入开展全民健康素养促进行动、全民健康生活方式行动、国民营养行动计划等专项行动，实施全民科学素质行动计划，推进全民健康科技工作，大力普及健康知识与技能，引导群众建立合理膳食、适量运动、戒烟限酒和心理平衡的健康生活方式，倡导“每个人是自己健康第一责任人”的理念，不断提升人民群众健康素养。针对妇女、儿童、老年人、残疾人、流动人口、贫困人口等重点人群，开展符合其特点的健康促进及健康素养传播活动。面向社会宣传倡导积极老龄化、健康老龄化的理念，面向老年人及其家庭开展知识普及和健康促进，结合老年人健康特点，开发老年人积极参与社会，提高老年人群健康素养。全面推进控烟履约，加大控烟力度，运用价格、税收、法律等手段提高控烟成效。深入开展控烟宣传教育，全面推进公共场所禁烟工作，积极推进无烟环境建设，强化公共场所控烟监督执法。到2020年，15岁及以上人群烟草使用流行率比2015年下降3个百分点。强化戒烟服务。加强限酒健康教育，控制酒精过度使用，减少酗酒。以青少年、育龄妇女、流动人群及性传播风险高危行为人群为重点，开展性道德、性健康、性安全的宣传教育和干预。大力普及有关毒品滥用的危害、应对措施和治疗途径等相关知识。

（十三）积极推进全民健身

加强全民健身宣传教育，普及科学健身知识和方法，让体育健身成为群众生活的重要内容。广泛开展全民健身运动，推动全民健身和全民健康深度融合，创新全民健身体制机制。完善全民健身公共服务体系，统筹建设全民健身公共设施，加强健身步道、全民健身中心、体育公园等场地设施建设。推行公共体育设施免费或低收费开放，确保公共体育场地设施和符合开放条件的企事业单位体育场地设施全部向社会开放。加强全民健身科学研究，推进运动处方库建设，发布《中国人体育健身活动指南》，积极开展国民体质监测和全民健身活动状况调查。建立"体医结合"健康服务模式，构建科学合理的运动指导体系，提供个性化的科学健身指导服务，提高全民健身科学化水平。到2020年，经常参加体育锻炼人数达到4.35亿。

（十四）高度重视心理健康问题

加强心理健康服务体系建设和规范化管理。加大心理健康问题基础性研究，做好心理健康知识和心理疾病科普工作，提升人民群众心理健康素养。规范发展心理治疗、心理咨询等心理健康服务，加强心理健康专业人才培养。强化对常见精神障碍和心理行为问题的干预，加大对重点人群和特殊职业人群心理问题早期发现和及时干预力度。重点加强严重精神障碍患者报告登记和救治救助管理。全面推进精神障碍社区康复服务，鼓励和引导社会力量提供心理健康服务和精神障碍社区康复服务。提高突发事件心理危机的干预能力和水平。

（十五）大力弘扬中医药健康文化

总结中华民族对生命、健康的认识和理解，深入挖掘中医药文化内涵，推动中医药健康养生文化创造性转化和创新性发展，使之与现代健康理念相融相通。充分利用现有资源，建设中医药文化宣传教育基地及中医药健康文化传播体验中心，打造宣传、展示、体验中医药知识及服务的平台。实施中医药健康文化素养提升工程，开展"中医中药中国行——中医药健康文化推进行动"，实现"2020年人民群众中医药健康文化素养提升10%"的目标。推动中医药文化进校园，促进中小学生养成良好的健康意识和生活习惯。

五、营造健康社会氛围

（十六）广泛开展健康知识和技能传播

各地要鼓励和引导各类媒体办好健康类栏目和节目，制作、播放健康公益广告，加大公益宣传力度，不断增加健康科普报道数量，多用人民群众听得到、听得懂、听得进的途径和方法普及健康知识和技能，让健康知识植入人心。建立居民健康素养基本知识和技能传播资源库，构建数字化的健康传播平台。创新健康教育的方式和载体，充分利用互联网、移动客户端等新媒体以及云计算、大数据、物联网等信息技术传播健康知识，提高健康教育的针对性、精准性和实效性，打造权威健康科普平台。要对健康教育加以规范，报纸杂志、广播电视、图书网络等都要把好关，不能给虚假健康教育活动提供传播渠道和平台。

（十七）做好健康信息发布和舆情引导

国家和省级健康教育专业机构要针对影响群众健康的主要因素和问题，建立健全健康知识和技能核心信息发布制度，完善信息发布平台。加强对媒体健康传播活动的监管，开展舆情监测，正确引导社会舆论和公众科学理性应对健康风险因素。有关部门要加大对医疗保健类广告的监督和管理力度，坚决打击虚假医药广告，严厉惩处不实和牟利性误导宣传行为。

（十八）培育“弘扬健康文化、人人关注健康”的社会氛围

积极培育和践行社会主义核心价值观，推进以良好的身体素质、精神风貌、生活环境和社会氛围为主要特征的健康文化建设，在全社会形成积极向上的精神追求和健康文明的生活方式。充分发挥工会、共青团、妇联、科协等群众团体的桥梁纽带作用和宣传动员优势，传播健康文化，动员全社会广泛参与健康促进行动。调动各类社会组织和个人的积极性，发挥健康促进志愿者作用，注重培育和发展根植于民间的、自下而上的健康促进力量。

六、加强健康促进与教育体系建设

（十九）逐步建立全面覆盖、分工明确、功能完善、运转高效的健康促进与教育体系

建立健全以健康教育专业机构为龙头，以基层医疗卫生机构、医院、专业公共卫生机构为基础，以国家健康医疗开放大学为平

台，以学校、机关、社区、企事业单位健康教育职能部门为延伸的健康促进与教育体系。加快推进各级健康教育专业机构建设，充实人员力量，改善工作条件，建立信息化平台，提升服务能力。推进12320卫生热线建设。进一步加强基层卫生计生机构、医院、专业公共卫生机构及学校、机关、社区、企事业单位健康教育场所建设。

（二十）加强健康促进与教育人才队伍建设

鼓励高等学校根据需求，培养健康促进与教育相关专业人才。加强对健康促进与教育工作人员的培训和继续教育，优化健康教育专业机构人员结构。进一步完善职称晋升制度，健全激励机制，保障健康促进与教育专业人员待遇，推进健康促进与教育人才的合理流动和有效配置。

七、落实保障措施

（二十一）加强组织领导

各级地方政府要将提高人民群众健康水平作为执政施政的重要目标，将卫生与健康事业发展作为贯彻落实“四个全面”战略布局，完善社会治理的重要内容，推进健康中国建设，实施“把健康融入所有政策”策略，切实将居民健康状况作为政府决策的必需条件和考核的重要指标。要明确各部门在促进人民群众健康中的责任和义务，建立多部门协作机制。

（二十二）加大投入力度

将健康促进与教育工作纳入经济和社会发展规划，加强健康促进与教育基础设施建设。将必要的健康促进与教育经费纳入政府财政预算，按规定保障健康教育专业机构和健康促进工作网络的人员经费、发展建设和业务经费。确保健康教育专业机构的工作力量满足工作需要。广泛吸引各类社会资金，鼓励企业、慈善机构、基金会、商业保险机构等参与健康促进与教育事业发展。加大对农村建档立卡贫困人口健康促进与教育工作的投入力度。

（二十三）强化监督考核

将健康促进与教育纳入政府目标考核内容，细化考核目标，明确工作责任，定期组织对健康促进与教育工作开展情况进行考核评估。注重总结推广典型经验，对在健康促进与教育工作中作出突出贡献的集体和个人给予适当奖励。对于工作落实不力的，要通报批评，责令整改。

国家卫生计生委　中宣部
教育部　财政部
环境保护部　工商总局
新闻出版广电总局　体育总局
国家中医药局　中国科协
2016 年 11 月 16 日

教育部办公厅　卫生部办公厅
关于进一步加强和规范学生
健康服务工作管理的通知

教体艺厅〔2009〕2号

各省、自治区、直辖市教育厅（教委）、卫生厅（局），新疆生产建设兵团教育局、卫生局：

最近一个时期，重庆、四川、甘肃等地陆续发生一些机构或单位借义务开展生殖健康服务为名，到学校进行非法或不规范医疗活动的事件，影响了学校正常教学秩序和学生身心健康。为加强和规范学生健康服务工作管理，保障学生身心健康发展，现就有关要求通知如下：

一、切实重视为学生提供健康服务工作

为学生提供健康服务是新时期学校卫生工作的需要，也是预防和控制学校传染病的有效手段。地方各级教育行政部门和学校要充分认识为学生提供健康服务的意义，将做好此项工作作为落实“学校教育要树立健康第一指导思想”的具体举措和构建“和谐、文明、健康、平安”校园的具体体现。

二、加强和规范学生健康体检

地方各级教育行政部门和学校要严格按照卫生部、教育部印发的《中小学生健康体检管理办法》所规定的健康体检项目、经费解决途径、体检机构资质、健康检查结果反馈与档案管理等方面的要求，组织开展学生健康体检工作。

因疾病防控需要，确需扩大体检项目的，必须经县级以上卫生、教育行政部门审批，并报同级政府批准方可实施。

体检单位应按照要求，将学生的身体健康情况和医生的建议及时通知家长，需要进一步进行治疗的，由家长选择相应的治疗措施和手段。

任何机构和单位不得借健康体检或为小学生进行生殖健康检查为名，进行非法医疗活动。

三、加强和规范学生预防接种工作

地方各级教育、卫生行政部门和学校要严格按照《传染病防治法》、《疫苗流通和预防接种管理条例》规定，依法管理学校预防接种工作。

为预防、控制传染病的发生、流行，需要对学校人群实施群体性预防接种的，必须由学校所在地县级以上卫生行政部门报经本级人民政府决定，并报省级人民政府卫生行政部门备案。任何单位和个人不得擅自组织学校人群进行群体性预防接种。

传染病暴发、流行时，需要采取应急措施的，依照《传染病防治法》、《疫苗流通和预防接种管理条例》以及《突发公共卫生事件应急条例》的规定执行。

凡经县级以上人民政府决定，在学校实施的群体预防接种，卫生行政部门应会同教育行政部门制订详细的工作方案，由学校统一向学生发放由卫生行政部门制定的预防接种宣传单，并告知家长带学生到卫生行政部门指定的接种单位和地点进行接种。

承担群体性预防接种工作的接种单位，在实施接种时，应严格按照《预防接种工作规范》的要求进行。

四、加强和规范学生常见病、地方病等疾病群体防治工作

学生常见病等疾病的群体防治工作应当纳入地方政府疾病防治规划，统一管理和实施。

组织开展学生常见病群体性防治工作，必须事先经专家论证。如确有必要组织学生进行群体性防治，必须经县级以上卫生行政部门商同级教育行政部门同意并制定详细的防治方案后，方可实施。

在地方病高发地区组织开展学生群体性防治工作，除经专家论

证外，必须经省级卫生行政部门商同级教育行政部门制订详细的防治方案，并报经同级人民政府批准后，方可实施。

经批准后组织开展学生常见病、地方病等群体服药时，必须坚持学生和家长自愿参加的原则，同时必须有卫生技术人员进行现场指导，并密切注视学生有无不良反应或副作用发生。

用于学生常见病、地方病群体性防治的药品必须经药品监督管理部门进行严格审查和批准，并向当地证照俱全的正规医药生产、经营企业购买。

任何单位或个人不得擅自或越权在学校开展预防性群体服药工作。

五、加强和规范入托、入学儿童预防接种证查验工作

地方各级教育行政部门应加强对托幼机构和学校查验预防接种证工作的领导和管理，将其纳入传染病防控管理内容，开展定期检查。地方各级卫生行政部门应加强对漏种儿童补种工作的领导和管理，疾病预防控制机构应积极指导托幼机构和学校开展预防接种宣传工作。

托幼机构和学校要按照《疫苗流通和预防接种管理条例》和《卫生部教育部关于做好入托、入学儿童预防接种证查验工作的通知》（卫疾控发〔2005〕408 号）要求，认真落实儿童入托、入学查验预防接种证工作。预防接种证查验情况必须如实填写并登记造册。托幼机构和学校发现未依照要求接种纳入国家免疫规划疫苗的儿童，或无预防接种证的儿童，应当在 30 日内向所在地的接种单位或县级疾病预防控制机构报告，同时将卫生部门印发的补种（补证）通知单交儿童监护人，督促监护人带儿童到当地规定的接种单位补种。

加强儿童补种或补证后复验预防接种证工作。托幼机构和学校要主动与当地疾病预防机构沟通联系，了解儿童补种或补证情况，确保落实儿童接种上漏种疫苗。托幼机构或学校对学期中新接收的

转学儿童也应当查验其预防接种证，漏种儿童应按要求补种或补证。

六、地方各级教育行政部门和学校应加强以传染病防控为重点的健康教育和健康促进工作。要认真组织开展多种形式的健康教育活动，教育广大师生树立良好的个人卫生习惯，提高其防控各类传染病的能力。

教育部办公厅

卫生部办公厅

二〇〇九年三月十九日

关于创造良好社会教育环境，保护中小学生健康成长的若干意见

国务院办公厅转发国家教委等部门关于创造良好社会教育环境保护中小学生健康成长若干意见的通知

国办发〔1991〕64号

国家教委、广播影视部、文化部、国家体委、新闻出版署、全国总工会、共青团中央、全国妇联、中国科协《关于创造良好社会教育环境保护中小学生健康成长的若干意见》，已经国务院同意，现转发给你们，请贯彻执行。

国务院办公厅

1991年10月8日

各省、自治区、直辖市教委、教育厅（局）、广播电视厅（局）、文化厅（局）、新闻出版局、体委、工会、团委、妇联、科协、上海电影局：

中共中央《关于改革和加强中小学德育工作的通知》指出，“关心和保护中小学生健康成长，不仅是教育部门和学校的职责，而且是全社会的责任和义务，要把社会教育、家庭教育同学校教育密切结合起来，形成全社会关心中小学健康成长的舆论和风气”。为落实《通知》精神，创造良好的社会教育环境，保护中小学生健康成长，特提出以下意见：

一、各级教育、文化、科研、新闻、出版、体育、广播、影视等部门、群众团体和学校，要不断提高认识，从与敌对势力争夺接班人的高度，明确自己的责任和义务，关心和保护青少年健康成

长。要在当地人民政府的领导下，端正业务指导思想，把为中小学生创造良好的社会教育环境，提到重要议事日程，因地制宜，制订长远规划和切实可行的措施，并逐步形成制度，加强监督检查，总结推广先进经验。要造成强大的社会舆论，使社会各方面从不同角度为中小学生健康成长创造条件。

二、国家各有关部门和群众团体要千方百计地为中小学生组织各种健康有益的活动。要创造和利用一切条件，尤其是利用历史文物和革命文物等，对中小学生加强中国近代、现代史教育、国情教育、爱国主义教育、社会主义教育和革命传统教育。博物馆、展览馆、科技馆、纪念馆等要定期免费或低费接待中小学生集体参观。有关部门要定期举办有中小学生参加的艺术节，电影节及歌舞；戏剧，音乐，美术，书法等项活动。要经常组织专业演出团体为中学生举办专场演出。要积极开展青少年科技活动，举办科普讲座、科技夏令营、科技月（周）、科技影视放映活动。全国定期举办青少年创造发明和科学论文评比。要在中小学广泛开展各种生动活泼，形式多样的体育活动，组织参观体育比赛，举办体育夏令营等。公共图书馆、科技馆、美术馆、文化馆、体育场（馆），每年要面向中小学生安排内容丰富、健康向上的开放项目，并给予优惠服务。各单位每年至少要面向中小学生免费开放 1-2 次。

三、新闻、出版、广播影视、文化、教育、科技等一切从事精神产品生产部门，要努力为广大中小学生提供更多更好的精神食粮。为鼓励更多的作家、艺术家、科学家、教师为中小学生创作教育性强、格调高尚的优秀作品，由新闻出版署、国家教委、文化部等单位主办，全国每三年评选一次优秀少儿读物，由中国儿童少年基金会设立的中国儿童少年读物奖励基金会对获奖者予以奖励；全国每两年评选一次优秀少儿影片，由国家教委、广播电影电视部、文化部等单位主办、委托中国儿童少年电影学会组织“童牛奖”评选活动，对优秀影片及其创作、生产人员等给予奖励；国家教委、共青团中央、文化部和新闻出版署每年“六一”前向全国少年儿童推荐“红领巾读书读报奖章活动”阅读书目，每五年表彰一次“红读”先进个人和先进集体；以后还将组织优秀少年儿童广播节目、电视片和优秀少年儿童歌曲等项评选活动。有条件的地方和单位。要逐步组织一支以退离休文艺、教育工作者和老干部为骨干的兼职评论队伍，定期对各种精神产品进行评议，做好舆论导向工作。各省、市每年要重点扶植 1-2 部少年儿童影视作品的创作和生产。

四、要继续认真整顿文化市场、严禁编写、制作、出版、发行、销售、播放、租借对青少年有害的书刊、图片和音像制品。凡属已定性应取缔的、有宣扬反动政治观点、凶杀暴力、淫秽色情、封建迷信等内容的图书报刊要坚决销毁，对虽不属于取缔范围，但是格调低下，对青少年健康成长不利的图书报刊，要进行评论和批评，以抵制其消极影响。这类书刊不得向中小学传播。对少数经标准出版供研究使用但不适宜中小学生阅读的资料，应按照规定严格控制内部发行，任何单位和个人均不得将这类书刊销售、租借给中小学生阅读。文化、电影电视部门要对国产和进口的影视片、录像带和激光视盘实行严格的审查。对社会价值和艺术价值，但有夹杂色情内容和容易引起少年儿童恐怖感的和不良行为的作品，或表现现实社会畸形现象的作品，应定为“少儿不宜”。对这类片、带、盘，要严格限制观看范围，不允许向中小学生租售，不许组织中小学生专场放映，不向 18 周岁以下（含 18 周岁）的未成年人出售门票，不允许进场观看；这类影片不缩制 16 和 8.75 毫米拷贝，这类录像节目，在社会上发行时，应标明“儿童不宜”，这类影视片也不提供给农村放映队和电视台播放。对有一定认识作用和艺术价值但不宜为少年儿童理解，并可能对他们产生不良影响的影视片，电视台应安排在 22 时以后播放。

五、文化和工商管理部门要加强对公共文化教育娱乐场所的管理，严禁对少年儿童有害的演出、展览和各种形式的赌博活动。营业性的电子游戏、台球等活动摊点的管理要定点定人，设点要尽量远离学校。营业性的舞厅、酒吧及其它中小学生不宜入内的场所，要禁止中小学生进入。各种营业性的民间文艺团体举办的演出、展览、必须经过文化和工商管理部门审批。对在公共场所宣扬封建迷信的看相、测定、算命、销售迷信物品者的摊点，公安和工商管理部门应坚决取缔。

六、各地要重视青少年活动场所设施的建设。要从当地实际出发，依靠社会力量，把青少年活动设施的建设纳入城乡建设规划，努力使中等以上城市都建有一定规模和数量的少年宫（家、站）、少年儿童活动中心、少年图书馆、少年科技中心（馆、站）、儿童公园和剧院等少年儿童校外教育活动基地。各县、镇也应努力创造条件，建立少年儿童活动场所。任何单位不得侵占、挤占少年儿童活动场所。各地有关部门要加强对所属校外教育机构与活动场所的领导，不断端正业务指导思想，正确处理普及和提高的关系，组织各种活动注意把思想性、知识性、趣味性结合起来，挖掘潜力、扩大容量，更好地为中小学生服务，对开展各项活动所需的经费、人力、物力应尽力给予保证，要定期评选先进校外教育机构，表彰优秀校外教育工作者。

七、重视家庭教育工作。帮助家长提高家庭教育水平，纠正错误的教育方法。有关部门要密切配合，建立家庭教育咨询机构，举办“家长学校”，积极组织广大教育工作者、专家、学者研究家庭教育理论和编写有关家庭教育的参考材料，举办各种家庭教育培训班和讲座、展览咨询等活动，总结交流办好家长学校的经验，表彰优秀家长。

八、各地要充分发挥各条战线先进单位、先进人物、离退休的老干部、老专家、老教育工作者、老工人的作用。除举办先进人物报告会、先进事迹展览会等活动外，还要有组织有计划地引导中小学校与当地先进单位、先进人物建立经常性的联系。先进单位和先进人物所在的单位要热情接待中小学参观访问，共同举办各种有教育意义的活动。中小学校应邀请当地先进人物到校讲故事、做报告、参加学校活动，并可聘请先进人物做中小学的校外辅导员或兼职教员。

九、要运用法律手段，有效地保护中小学生健康成长。各地要加紧制订保护青少年的法规。公安、司法和工商行政管理部门要和有关部门配合，搞好社会治安和文化市场的整顿工作，消除诱发青少年不良行为的因素。学校要对中小学生进行法制教育，做好违法青少年的帮教工作。

十、公安、司法部门要根据有关法规对滋扰学校，破坏学校正常教学秩序的违法犯罪分子，予以严厉打击。

创建良好的社会教育环境，保护中小学生健康成长，是一项长期的、具有战略意义的任务。各有关部门要在当地政府的领导下，根据本意见的精神，结合当地实际，创造性地开展工作。要注意不断总结经验，调整工作部署，扎扎实实、持续地将这项工作做好。

普通高等学校学生心理健康教育工作基本建设标准（试行）

教育部办公厅关于印发《普通高等学校学生心理健康教育工作基本建设标准（试行）》的通知

教思政厅〔2011〕1号

各省、自治区、直辖市党委教育工作部门、教育厅（教委），新疆生产建设兵团教育局，有关部门（单位）教育司（局），部属各高等学校：

为深入贯彻落实全国教育工作会议、教育规划纲要以及全国加强和改进大学生思想政治教育工作座谈会精神，进一步深入贯彻落实《中共中央 国务院关于进一步加强和改进大学生思想政治教育的意见》（中发〔2004〕16号），推进大学生心理健康教育工作科学化建设，现将《普通高等学校学生心理健康教育工作基本建设标准（试行）》印发给你们，请结合本地本校实际情况，认真贯彻执行。

本标准自印发之日起试行，适用于普通高等学校，其他类型高校可参照执行。各地各校制定的实施方案和政策措施请及时报送我部思想政治工作司。

教育部办公厅

二〇一一年二月二十三日

加强和改进大学生心理健康教育是新形势下贯彻落实全国教育工作会议和《国家中长期教育改革和发展规划纲要（2010—2020年）》精神，促进大学生健康成长、培养造就拔尖创新人才的重要途径，是全面贯彻党的教育方针、建设人力资源强国的重要举措，是推动高等教育改革、加强和改进大学生思想政治教育的重要任务。为推进大学生心理健康教育工作科学化建设，根据《中共中央国务院关于进一步加强和改进大学生思想政治教育的意见》（中发〔2004〕16号）和《教育部 卫生部 共青团中央关于进一步加强和改进大学生心理健康教育的意见》（教社政〔2005〕1号）等文件精神，特制订本标准。

一、大学生心理健康教育体制机制建设

1. 高校应将大学生心理健康教育纳入学校人才培养体系。应成立专门工作领导小组，指定主管校领导负责，心理健康教育和咨询机构、学生工作部门、宣传部门、教务部门、人事部门、财务部门、安全保卫部门、后勤保障服务部门、校医院以及各院（系）、研究生院和相关学科教学研究单位等负责人为成员，负责研究制订大学生心理健康教育工作的规划和相关制度，统筹领导全校大学生心理健康教育工作。党委常委会或校长办公会应定期听取专门工作汇报，研究部署工作任务，解决存在的问题。

2. 高校应有健全的校、院（系）、学生班级三级心理健康教育工作网络，各级各部门应有明确的职责分工和协调机制。学校应有机构负责大学生心理健康教育和咨询，纳入学校思想政治教育工作体系，具体组织协调开展全校学生心理健康教育工作；院（系）应安排专兼职教师负责落实心理健康教育工作；组织学生班委会、党团支部等学生组织积极协助辅导员、班主任和研究生导师开展心理健康教育工作。

3. 高校应根据实际情况，研究制订大学生心理健康教育工作的意见或实施办法。应建立考核、奖惩机制，制订年度工作计划。

4. 高校应围绕心理健康教育和咨询机构的规范管理、心理危机预防与干预、心理咨询工作流程、心理健康教育课程教学、心理健康教育从业者职业道德规范等内容，建立健全各项规章制度。

二、大学生心理健康教育师资队伍建设

5. 高校应建设一支以专职教师为骨干，专兼结合、相对稳定、素质较高的大学生心理健康教育和心理咨询工作队伍。高校应按学生数的一定比例配备专职从事大学生心理健康教育的教师，每校配备专职教师的人数不得少于2名，同时可根据学校的实际情况配备兼职教师。

6. 高校应将大学生心理健康教育师资队伍建设纳入学校整体教师队伍建设工作中，加强选拔、配备、培养和管理。从事大学生心理健康教育的教师，特别是直接从事心理咨询服务的教师，应具有从事大学生心理健康教育的相关学历和专业资质。专职教师的专业技术职务评聘应纳入大学生思想政治教育教师队伍序列，设有教育学、心理学、医学等教学研究机构的学校，也可纳入相应专业序列。专兼职教师开展心理辅导和咨询活动应计算相应工作量。

7. 高校应重视大学生心理健康教育专兼职教师的专业培训工作，将师资培训工作纳入年度工作计划和年度经费预算。应保证心理健康教育专职教师每年接受不低于40学时的专业培训，或参加至少2次省级以上主管部门及二级以上心理专业学术团体召开的学术会议。适时安排从事大学生心理咨询的教师接受专业督导。应支持大学生心理健康教育教师结合实际工作开展科学研究。

8. 高校所有教职员工都负有教育引导学生健康成长的责任，要着力构建和谐、良好的师生关系，强化大学生心理健康教育的全员参与意识。学校应将心理健康教育内容纳入新进教师岗前培训课程体系。辅导员、班主任、研究生导师是大学生心理健康教育工作的重要力量，每年应为他们至少组织一次心理健康教育专题培训。应对学生宿舍管理员等后勤服务人员开展相关常识培训。

三、大学生心理健康教育教学体系建设

9. 高校应充分发挥课堂教学在大学生心理健康教育工作中的主渠道作用，根据心理健康教育的需要建立或完善相应的课程体系。学校应开设必修课或必选课，给予相应学分，保证学生在校期间普遍接受心理健康课程教育。

10. 高校应充分考虑学生的心理发展规律和特点，科学规范大学生心理健康教育课程的教学内容，切实改进教育教学方法。应有专门的教学大纲或教学基本要求。教学内容设计应注重理论联系实际，力求贴近学生。应通过案例教学、体验活动、行为训练等多种形式提高课堂教学效果，通过教学研究和改革不断提升教学质量。

四、大学生心理健康教育活动体系建设

11. 高校应面向全体学生开展心理健康教育活动，不断创新心理健康教育活动形式，拓展心理健康教育途径，积极营造良好的心理健康教育氛围。

12. 高校应通过广播、电视、校刊等多种媒介，积极开展心理健康教育宣传活动，应重视心理健康教育网络平台建设，开办专题网站（网页），充分开发利用网上教育资源。

13. 高校应充分发挥广大学生在心理健康教育工作中的主体作用，满足学生自我成长的心理需要。应重视发挥班集体建设在大学生心理健康教育中的重要作用，支持学生成立心理社团，组织开展心理健康教育活动，普及心理健康知识，充分调动学生自我认识、自我教育、自我成长的积极性、主动性。

五、大学生心理咨询服务体系建设

14. 高校应根据行业要求设立心理咨询室，为学生提供心理咨询服务。有条件的高校可在院（系）及学生宿舍设立心理健康教育辅导室。心理咨询室开放的时间应能满足学生的咨询需求。

15. 高校应加强心理咨询制度建设，遵循心理咨询的伦理规范，保证心理咨询工作按规定有效运行。应建立健全心理咨询的值班、预约、重点反馈等制度。应加强心理咨询个案记录与档案管理工作，坚持保密原则，按规定严格管理心理咨询记录和有关档案材料。应定期开展心理咨询个案的研讨与督导活动，不断提高心理咨询的专业水平。

16. 高校应通过多种途径开展心理咨询服务。应经常开展团体辅导活动，针对不同学生群体的需求，研究制订相应的团体辅导计划和实施方案，努力帮助学生解决心理问题，促进健康发展。应向全校学生公布心理健康教育和咨询机构的咨询信箱、咨询电话和网址。有条件的学校可提供网上咨询预约和网络咨询服务。

六、大学生心理危机预防与干预体系建设

17. 高校应坚持预防为主的原则，重视心理健康知识的普及宣传工作，充分发挥心理健康教育工作网络的作用，通过新生心理健康状况普查、心理危机定期排查等途径和方式，及时发现学生中存在的心理危机情况。学校要对有较严重心理障碍的学生予以重点关注，并根据心理状况及时加以疏导和干预。应加强对患精神疾病学生康复及康复后的关注跟踪。

18. 高校应制订心理危机干预工作预案，明确工作流程及相关部门的职责。应积极在院（系）、学校心理健康教育和咨询机构、校医院、精神疾病医疗机构等部门之间建立科学有效的心理危机转介机制。有条件的高校可在校医院设立精神科门诊，或聘请精神专科职业医师到校医院坐诊。对有较严重障碍性心理问题的学生，应及时指导学生到精神疾病医疗机构就诊；对有严重心理危机的学生，应及时通知其法定监护人，协助监护人做好监控工作，并及时将学生按有关规定转介给精神疾病医疗机构进行处理。转介过程应详细记录，做到有据可查。

19. 高校应按照有关规定做好心理危机事件善后工作，应重视对危机事件当事人及其相关人员提供支持性心理辅导，最大程度地减少危机事件的负面影响。应及时总结经验教训，提高师生对心理危机事件的认识以及应对心理危机的能力。

七、大学生心理健康教育工作条件建设

20. 高校应保障心理健康教育工作经费，并纳入学校预算，确保大学生心理健康教育的日常工作需要。

21. 高校应加强心理健康教育和咨询场地建设。心理健康教育和咨询场地的建设应符合大学生心理健康教育工作的特点和要求，能够满足学生接受教育和咨询的需求。心理健康教育和咨询场地包括预约等候室、个体咨询室、团体辅导室、心理测评室等。

22. 高校应为心理健康教育和机构配备必要的办公设备、常用心理测量工具、统计分析软件和心理健康类书籍等心理健康教育产品。

学校艺术教育工作规程

中华人民共和国教育部令

第13号

《学校艺术教育工作规程》已于2002年5月23日经部长办公会议审议通过，现予公布，自2002年9月1日起施行。

教育部部长

二〇〇二年七月二十五日

第一章　总　则

第一条　为全面贯彻国家的教育方针，加强学校艺术教育工作，促进学生全面发展，根据《中华人民共和国教育法》，制定本规程。

第二条　本规程适用于小学、初级中学、普通高级中学、中等和高等职业学校、普通高等学校。

第三条　艺术教育是学校实施美育的重要途径和内容，是素质教育的有机组成部分。学校艺术教育工作包括：艺术类课程教学，课外、校外艺术教育活动，校园文化艺术环境建设。

第四条 学校艺术教育工作应以马克思列宁主义、毛泽东思想、邓小平理论为指导，坚持面向现代化、面向世界、面向未来，贯彻面向全体学生、分类指导、因地制宜、讲求实效的方针，遵循普及与提高相结合、课内与课外相结合、学习与实践相结合的原则。通过艺术教育，使学生了解我国优秀的民族艺术文化传统和外国的优秀艺术成果，提高文化艺术素养，增强爱国主义精神；培养感受美、表现美、鉴赏美、创造美的能力，树立正确的审美观念，抵制不良文化的影响；陶冶情操，发展个性，启迪智慧，激发创新意识和创造能力，促进学生全面发展。

第五条 国务院教育行政部门主管和指导全国的学校艺术教育工作。地方各级人民政府教育行政部门主管和协调本行政区域内的学校艺术教育工作。各级教育部门应当建立对学校艺术教育工作进行督导、评估的制度。

第二章 学校艺术课程

第六条 各级各类学校应当加强艺术类课程教学，按照国家的规定和要求开齐开足艺术课程。职业学校应当开设满足不同学生需要的艺术课程。普通高等学校应当开设艺术类必修课或者选修课。

第七条 小学、初级中学、普通高级中学开设的艺术课程，应当按照国家或者授权的省级教育行政部门颁布的艺术课程标准进行教学。教学中使用经国家或者授权的省级教育行政部门审定通过的教材。职业学校、普通高等学校应当结合实际情况制定艺术类必修课或选修课的教学计划（课程方案）进行教学。

第八条 小学、初级中学、普通高级中学的艺术课程列入期末考查和毕业考核科目。

职业学校和普通高等学校的艺术课程应当进行考试或者考查，

考试或者考查方式由学校自行决定。实行学分制的学校应将成绩计入学分。

第三章　课外、校外艺术教育活动

第九条　课外、校外艺术教育活动是学校艺术教育的重要组成部分。学校应当面向全体学生组织艺术社团或者艺术活动小组，每个学生至少要参加一项艺术活动。

第十条　学校每年应当根据自身条件，举办经常性、综合性、多样性的艺术活动，与艺术课程教学相结合，扩展和丰富学校艺术教育的内容和形式。

省、地、县各级教育行政部门应当定期举办学生艺术展演活动。各级各类学校在艺术教育中应当结合重大节日庆典活动对学生进行爱国主义和集体主义教育。

全国每三年举办一次中学生（包括中等职业学校的学生）艺术展演活动，每三年举办一次全国大学生（包括高等职业学校的学生）艺术展演活动。

国务院教育行政部门根据需要组织学生参加国际学生艺术活动。

第十一条　学校应当充分利用社会艺术教育资源，补充和完善艺术教育活动内容，促进艺术教育活动质量和水平的提高，推动校园文化艺术环境建设。

任何部门和学校不得组织学生参与各种商业性艺术活动或者商业性的庆典活动。

学校组织学生参加社会团体、社会文化部门和其它社会组织举办的艺术比赛或活动，应向上级主管部门报告或者备案。

第十二条　学校应当为学生创造良好的校园文化艺术环境。校园的广播、演出、展览、展示以及校园的整体设计应当有利于营造健康、高雅的学校文化艺术氛围，有利于对学生进行审美教育。

校园内不得进行文化艺术产品的推销活动。

第四章　学校艺术教育的保障

第十三条　各级教育行政部门应当明确学校艺术教育管理机构，配备艺术教育管理人员和教研人员，规划、管理、指导学校艺术教育工作。

学校应当有一位校级领导主管学校艺术教育工作，并明确校内艺术教育管理部门。

学校应当注意发挥共青团、少先队、学生会在艺术教育活动中的作用。

第十四条　各级教育部门和学校应当根据国家有关规定配备专职或者兼职艺术教师，做好艺术教师的培训、管理工作，为艺术教师提供必要的工作条件。

学校的艺术教师必须具备教师资格，兼职教师应当相对稳定，非艺术类专业毕业的兼职教师要接受艺术专业的培训。

艺术教师组织、指导学校课外艺术活动，应当计入教师工作量。

第十五条　学校应当设置艺术教室和艺术活动室，并按照国务院教育行政部门制定的器材配备目录配备艺术课程教学和艺术活动器材。

第十六条　各级教育行政部门和学校应当在年度工作经费预算内保证艺术教育经费。鼓励社会各界及个人捐资支持学校艺术教育事业。

第五章　奖励与处罚

第十七条　教育行政部门和学校对于在学校艺术教育工作中取

得突出成绩的单位和个人，应当给予表彰和奖励。

第十八条 对违反本规程，拒不履行艺术教育责任的，按照隶属关系，分别由上级教育行政部门或者所属教育行政部门、学校给予批评教育并责令限期改正；经教育不改的，视情节轻重，对直接负责人给予行政处分。

第十九条 对侵占、破坏艺术教育场所、设施和其他财产的，依法追究法律责任。

第六章 附 则

第二十条 工读学校、特殊教育学校、成人学校的艺术教育工作参照本规程执行；中等、高等专业艺术学校（学院）的艺术教育工作另行规定。

第二十一条 省级教育行政部门可根据本规程制定实施细则。

第二十二条 本规程自公布之日起30日后施行。

附　录

教育部关于推进学校艺术教育发展的若干意见

教体艺〔2014〕1号

各省、自治区、直辖市教育厅（教委），新疆生产建设兵团教育局，部属各高等学校：

为深入贯彻党的十八大和十八届三中全会精神，落实教育规划纲要，全面贯彻党的教育方针，实施素质教育，改进美育教学，提高学生审美和人文素养，促进学生健康成长，现就推进学校艺术教育发展提出如下意见。

一、明确思路目标，落实立德树人根本任务

（一）艺术教育对于立德树人具有独特而重要的作用

学校艺术教育是实施美育的最主要的途径和内容。艺术教育能够培养学生感受美、表现美、鉴赏美、创造美的能力，引领学生树立正确的审美观念，陶冶高尚的道德情操，培养深厚的民族情感，激发想象力和创新意识，促进学生的全面发展和健康成长。落实立德树人的根本任务，实现改进美育教学，提高学生审美和人文素养的目标，学校艺术教育承担着重要的使命和责任，必须充分发挥自身应有的作用和功能。

（二）新形势要求加快发展学校艺术教育

近年来，学校艺术教育取得了较大的发展，艺术教育的育人功效日益凸显，学生艺术素质普遍得到提升，高等学校和中小学相互衔接的艺术教育课程体系初步建立，课堂教学、课外活动和校园文化三位一体的艺术教育发展推进机制基本形成。但是，艺术教育依然是学校教育中的薄弱环节，存在诸多困难和问题，艺术课程开课率不足、艺术活动参与面小、艺术师资短缺的状况没有得到根本改善，农村学校缺乏基本的艺术教育，艺术教育的评价制度尚未建立，这些问题制约了艺术教育育人功能的充分发挥。面对新形势和新要求，学校艺术教育必须在新的历史起点上加快发展。

（三）明确推进学校艺术教育的思路

当前和今后一个时期，学校艺术教育要以立德树人为根本任务，遵循学校艺术教育特点与规律，统筹推进各级各类学校艺术教育，探索艺术教育与其他相关学科相结合的途径与方式，合理配置艺术教育资源，着力加强基础教育阶段艺术教育，加快缩小城乡、区域、校际间艺术教育发展的差距，建立学校艺术教育和学生综合艺术素养多元评价制度，强化和完善艺术教育保障机制，努力破解当前艺术教育存在的突出问题，促进学校艺术教育规范科学发展。

二、抓住重点环节，统筹推进学校艺术教育

（四）严格执行课程计划，开齐开足艺术课程

义务教育阶段学校根据《义务教育课程设置实验方案》开设艺术课程，确保艺术课程课时总量不低于国家课程方案规定占总课时9%的下限，鼓励有条件的学校按总课时的11%开设艺术课程，初中阶段艺术课程课时不低于义务教育阶段艺术课程总课时的20%。普通高中按《普通高中课程方案（实验）》的规定，保证艺术类必修课程的6个学分。中等职业学校按照《中等职业学校公共艺术课程教学大纲》要求，将艺术课程纳入公共基础必修课，保证72学时。普通高校按照《全国普通高等学校公共艺术课程指导方案》要求，面向全体学生开设公共艺术课程，并纳入学分管理。有条件的学校要开设丰富的艺术选修课供学生选择性学习。鼓励各级各类学校开发具有民族、地域特色的地方艺术课程。

要因地制宜创新艺术教育教学方式，探索简便有效、富有特色、符合实际的艺术教育方法，建立以提高艺术教育教学质量为导向的教学管理制度和工作机制，切实提高艺术教育教学质量。

（五）创新活动内容与形式，确保每个学生都能参与艺术活动

开展学生艺术活动要以育人为宗旨，面向全体学生，坚持社会主义先进文化导向，体现向真、向善、向美、向上的校园文化特质。坚持勤俭节约和量力而行的原则，反对形式主义和铺张浪费。要进一步办好大中小学生艺术展演活动和高雅艺术进校园活动，抓好中华优秀传统文化艺术传承学校与基地的建设工作。鼓励学校开展小型分散、灵活多样的学生艺术活动，因地制宜建立学生艺术社团和兴趣小组，定期举办艺术节，让每个学生都能根据自身兴趣爱好自愿选择参加，并形成本地、本校学生艺术活动的特色和传统。中小学校要深入推进体育艺术“2+1”项目，以班级为基础，开展合唱、校园集体舞等活动，努力实现学生在校期间能够参加至少一项艺术活动，培养一两项艺术爱好。组织学生赴外地参加艺术活动应当征得其监护人同意，并由学校统一为学生购买人身意外伤害保险。

（六）加强区域内艺术教育统筹力度，多渠道解决艺术师资短缺问题

要根据课程方案规定的课时数和学校班级数有计划、分步骤配齐专职艺术教师，重点补充农村、边远、贫困和民族地区镇（乡）中心小学以上学校的艺术教师。实行县（区）域内艺术教师交流制度，鼓励艺术教师采取“对口联系”、“下乡巡教”等形式到农村学校任教。要依托高等学校，特别是师范院校培养合格的中小学艺术教师，在农村学校设立教育实习基地，积极开展顶岗实习。鼓励中小学优秀骨干教师担任高校艺术教育专业的兼职教师，指导学生教学实践。专职艺术教师不足的地区和学校，可由具有艺术特长的教师和管理人员经必要专业培训后担任兼职艺术教师，鼓励聘用社

会文化艺术团体专业人士、民间艺人担任学校兼职艺术教师。

地方教育行政部门要根据国家制定的教师资格标准，组织中小学校和中等职业学校艺术教师资格认定。在职务评聘、奖励、进修、培训等方面，要保证艺术教师与其他学科教师同等待遇；艺术教师承担学校安排的课外艺术活动辅导工作要计入工作量。

（七）整合各类教育教学资源，形成推进学校艺术教育发展的合力

地方各级教育行政部门要充分调动社会力量关心和支持学校艺术教育，开发利用校外艺术教育资源，将更多的文化建设项目布点在学校，并尽可能向当地群众开放，实现艺术教育资源共享。要会同有关部门加强校外活动场所的建设和管理，指导学校充分利用当地各种文化艺术场地资源开展艺术教学和实践活动。鼓励学校与社会艺术团体及社区建立合作关系。

各级教育行政部门和学校要建立开放灵活的艺术教育资源共享平台，以国家实施“宽带中国”战略为契机，加强艺术教育网络资源建设，支持和辅导艺术教师用好多媒体远程教学设备，努力提升艺术教育的信息化水平，将优质艺术教育资源输送到偏远农村的学校和课堂。

三、建立评价制度，促进艺术教育规范发展

（八）建立中小学学生艺术素质评价制度

依据普通中小学艺术课程标准和中等职业学校公共艺术课程教学大纲，组织力量研制学生艺术素质评价标准、测评指标和操作办法，2015 年开始对中小学校和中等职业学校学生进行艺术素质测评。艺术素质测评纳入学生综合素质评价体系以及教育现代化和教育质量评估体系，并将测评结果记入学生成长档案，作为综合评价学生发展状况的内容之一，以及学生中考和高考录取的参考依据。

（九）建立学校艺术教育工作自评公示制度

要将艺术教育纳入学校办学水平综合评价体系。中小学校和中

等职业学校要以艺术课程开课率、课外艺术活动的学生参与度、艺术教师队伍建设、学生艺术素质为重点开展自评，自评结果应通过主管教育行政部门官方网站向社会公示。高等学校要把艺术教育纳入学校教学质量年度报告。

（十）建立学校艺术教育发展年度报告制度

2014年开始，省级教育行政部门和部属高等学校要向教育部提交学校艺术教育发展年度报告，内容包括艺术课程建设、艺术教师配备、艺术教育管理、艺术教育经费投入和设施设备、课外艺术活动、校园文化艺术环境以及实行学校艺术教育工作自评公示制度等方面的情况。2015年开始，教育部将编制并发布全国学校艺术教育发展年度报告。

四、加强组织领导，完善艺术教育保障机制

（十一）加强组织领导

省级教育行政部门要建立健全艺术教育领导工作机制，地（市）、县（区）级教育行政部门要明确管理艺术教育的相关部门和负责人。各级教研机构要配备音乐、美术等艺术学科教研员，并建立艺术教研员准入、研修、考核机制。中小学校和中等职业学校要明确分管艺术教育的校级负责人和职能部门。高等学校要有校级负责人分管艺术教育工作，并明确公共艺术教育教学机构。要有计划地组织地方各级教育行政部门管理干部和各级各类学校校长参加艺术教育培训，提高艺术教育的管理水平。

（十二）保障经费投入和设施设备配置

各地教育财政投入中要保证艺术教育发展的基本需求，确保艺术教育经费随教育经费的增加相应增长。鼓励多种形式筹措资金，增加艺术教育投入。要合理配置艺术教育资源，扩大优质教育资源覆盖面，推进区域内艺术教育均衡发展。县级教育行政部门要在当地政府的统筹协调下，把农村学校艺术教育设施设备建设纳入本地推进义务教育均衡发展的有关项目规划，并保证配置到位。各级各类学校要执行国家制定的配置标准，充分发挥场馆等设施设备的功能，满足艺术教育教学和大型艺术活动需求。

（十三）加强艺术教育督导与宣传力度

各级教育督导部门要将艺术教育纳入学校综合督导评估和素质教育督导评估体系，开展经常性的督导检查，并向社会公示。教育部将适时组织高等学校公共艺术课程教学检查。

要在教育系统先进集体、先进个人评选表彰中加大艺术教育先进集体和个人的表彰力度。要进一步加大对艺术教育的宣传力度，引导全社会都来重视、支持学校艺术教育，尊重、关心艺术教师，为学校艺术教育的发展营造良好的社会环境。

中华人民共和国教育部

2014年1月10日

教育部关于进一步加强中小学艺术教育的意见

教体艺〔2008〕8号

各省、自治区、直辖市教育厅（教委），新疆生产建设兵团教育局：

美育是国家教育方针的有机组成部分，艺术教育是学校实施美育的基本途径，是素质教育不可或缺的重要内容。随着我国基础教育水平的不断提高和素质教育的全面推进，中小学校艺术教育有了较快发展，艺术教师队伍严重不足的状况有所缓解，艺术教育教学质量逐步提高，课外艺术教育活动普遍开展，中小学生的审美素质得到提升。但是从我国基础教育发展的整体水平来看，艺术教育仍然是学校教育中的薄弱环节。一些地方和学校没有把艺术教育摆上应有的位置，艺术课程开课率不足、活动形式单一、教师短缺、资源匮乏等情况不同程度存在着。艺术教育的滞后，制约了基础教育的均衡发展和素质教育的全面推进。

为全面贯彻教育方针，全面实施素质教育，促进中小学生健康成长，现就进一步加强中小学校（含高中和中等职业学校，下同）艺术教育提出如下意见。

一、进一步提高认识，把艺术教育摆上应有的位置

（一）艺术教育对于提高学生审美修养、丰富精神世界、发展形象思维、激发创新意识，促进青少年健康成长具有重要的作用。加强中小学校艺术教育是全面贯彻教育方针、全面实施素质教育的必然要求。地方各级教育行政部门和中小学校要进一步提高对学校艺术教育的重要性认识，切实把艺术教育摆在学校教育应有的位置上。

（二）中小学校艺术教育要以全面提高教育教学质量为中心，

以农村学校为重点，实现区域内的均衡发展。要坚持教育公平的原则，让每个学生都成为艺术教育的受益者。要坚持正确的育人导向，把社会主义核心价值体系融入到生动丰富的艺术教育活动之中，使之内化为学生的自觉精神追求，帮助学生形成正确的价值观和审美观；要通过艺术教育让学生接受中华民族和世界各民族优秀文化艺术的滋养，培养深厚的民族情感，为建设中华民族共有精神家园奠定基础。

二、严格执行课程计划，提高艺术教育教学质量

（三）开齐开足艺术课程，是保证艺术教育质量的前提。根据《义务教育课程设置实验方案》，九年义务教育阶段艺术类课程占总课时的9%—11%（总课时数为857—1047课时），各省级教育行政部门在制订本地区课程实施计划时，应按照上述规定设置艺术类课程，课时总量不得低于国家课程方案规定的下限。条件较好的学校按九年义务教育阶段艺术类课程占总课时的11%开设艺术类课程，其他学校开设艺术类课程不低于总课时的9%；其中，初中阶段艺术类课程开课不低于艺术课程总课时数的20%。普通高中按《普通高中课程方案（实验）》的规定，保证艺术类必修课程的6个学分（相当于108课时）。非艺术类中等职业学校艺术类必修课程不少于72课时。有条件的地区和学校要开设丰富的艺术类选修课供学生选择性学习。

（四）中小学校艺术类课程应执行国家发布的课程标准，选用国家审定通过的有关教材，并加强教学质量检测。要积极探索艺术课程评价改革，并将评价结果记录在学生成长档案中，作为综合评价学生发展状况的重要内容以及学生毕业和升学的参考依据。

（五）要加强艺术教育教研、科研工作。省、市（地）和县（区）要充分依靠本地区教研、科研机构，多渠道配备音乐、美术学科专（兼）职教研员。各地要以条件较好的学校为依托，建立艺术教研基地，定期组织艺术教研活动。

三、开展课外艺术活动，营造良好校园文化艺术环境

（六）开展课外艺术活动要因地制宜，讲究实效。要大力开展小型、灵活、多样的艺术活动，民族地区的学校要积极开展具有少数民族特色的课外艺术活动。省、市、县各级教育行政部门要积极创造条件，定期举办中小学生艺术节，学校应每年举办一届形式多样的校园艺术节。

（七）要加强对艺术活动的管理。任何部门和学校不得组织学生参与商业性艺术活动或商业性庆典活动，不得组织学生参加企业、媒体或其他社会团体举办的有收费营利行为的艺术竞赛等活动。学校不得组织学生参加社会艺术水平考级活动，社会艺术水平考级的等级不得作为学生奖励或升学的依据。

（八）组织群体性艺术活动，要明确安全管理工作的职能部门和责任人，建立安全责任制度，制订应对突发事件的处置预案，切实加强安全管理，确保中小学生人身安全。校园内不得出现有悖于素质教育、不利于青少年儿童健康成长的文化现象。

四、加强队伍建设，提高艺术教育师资水平

（九）各地要根据国家课程方案规定配备艺术教师。城市和有条件的县、镇（乡）学校要以专职艺术教师为主，农村学校可以专、兼职教师相结合，镇（乡）中心小学以上的学校至少要配备音乐、美术专职教师各一名；普通高中和中等职业学校应按规定课时及教学需要配备专职艺术教师。

兼职艺术教师由具有一定艺术基础或艺术特长的其他学科教师兼任，要逐步实行兼职艺术教师培训上岗制度，兼职艺术教师队伍要保持相对稳定。

（十）各地要建立激励机制，制定相关政策，支持、鼓励城镇学校艺术教师、中青年艺术教师和骨干艺术教师到农村学校任教。可采取“走教”、“支教”、“巡回教学”、“流动授课”、“定点联系”、“对口辅导”等多种形式，解决农村学校艺术教师短缺、教

学质量不高的问题。

（十一）各地要针对本地区艺术教师缺额情况，发挥和依托普通高校，特别是师范院校以及教师进修院校等教育机构的资源优势，为本地培养合格的中小学校艺术教师。要以提高农村艺术教师质量为重点，把艺术教师培训纳入本地教育事业发展规划和教师培训工作计划，有计划、有步骤地开展艺术教师全员培训，不断提高培训质量。艺术教师应和其他学科教师享受同等待遇，艺术教师组织、辅导课外活动应合理计入工作量。

五、优化资源配置，改善艺术教育教学条件

（十二）各地要在办学经费中保障用于改善艺术教育设备设施、添置和更新消耗性器材、举办校园艺术活动等经费。要按照相关规定，检查本地本校的艺术教育设施、设备、器材的达标情况，及时查漏补缺，添补有关器材设备，并结合校舍改造、扩建工程等项目，积极创造条件配置音乐/美术专用教室。学校要管好、用好艺术专用教室和有关器材，提高使用效益。县级教育行政部门要在当地政府的规划、协调下，把艺术教育纳入推进义务教育均衡发展的有关项目之中，切实改善艺术教育教学条件。

（十三）各地要充分利用现代信息技术手段缓解中小学校，特别是农村学校艺术教育资源的不足。学校要根据课堂教学和课外活动的需要，提供便利条件，支持、鼓励、辅导艺术教师用好教学光盘等多媒体设备，用好农村远程教育网资源，并根据本地实际，不断丰富网络艺术教育资源。

（十四）各地要依托社会文化场所免费或优惠开放的相关政策，充分开发利用地方和社区的艺术教育资源，丰富学校艺术教育的内容和形式。鼓励、支持开发具有本地特色的艺术教育资源。

六、加强管理，完善艺术教育保障机制

（十五）各地要加强对学校艺术教育的管理，完善艺术教育保障机制。各级教育行政管理部门要有管理艺术教育的相关职能部门和人员。教育行政部门和教研部门之间要相互协调、配合，建立科学、有序、高效的管理机制。要充分发挥各级艺术教育委员会、教育学会所属艺术学科专业委员会等社团机构的人才资源优势，提高艺术教育水平。

（十六）要进一步加强艺术教育的督导工作。各级教育督导机构要将艺术教育列为教育督导的重要内容，通过各种形式的督导，督促地方政府、教育行政部门和学校全面贯彻教育方针，自觉推进美育和艺术教育，全面实施素质教育。

中华人民共和国教育部

二〇〇八年九月五日

国务院办公厅关于全面加强和改进学校美育工作的意见

国办发〔2015〕71号

各省、自治区、直辖市人民政府，国务院各部委、各直属机构：

美育是审美教育，也是情操教育和心灵教育，不仅能提升人的审美素养，还能潜移默化地影响人的情感、趣味、气质、胸襟，激励人的精神，温润人的心灵。美育与德育、智育、体育相辅相成、相互促进。党的十八届三中全会对全面改进美育教学作出重要部署，国务院对加强学校美育提出明确要求。近年来，经过各地、各有关部门的共同努力，学校美育取得了较大进展，对提高学生审美与人文素养、促进学生全面发展发挥了重要作用。但总体上看，美育仍是整个教育事业中的薄弱环节，主要表现在一些地方和学校对美育育人功能认识不到位，重应试轻素养、重少数轻全体、重比赛轻普及，应付、挤占、停上美育课的现象仍然存在；资源配置不达标，师资队伍仍然缺额较大，缺乏统筹整合的协同推进机制。为进一步强化美育育人功能，推进学校美育改革发展，经国务院同意，现提出以下意见。

一、总体要求

（一）指导思想

全面贯彻党的教育方针，以立德树人为根本任务，落实文艺工作座谈会精神，按照国家中长期教育改革和发展规划纲要（2010-2020年）要求，把培育和践行社会主义核心价值观融入学校美育全过程，根植中华优秀传统文化深厚土壤，汲取人类文明优秀成果，引领学生树立正确的审美观念、陶冶高尚的道德情操、培育深厚的民族情感、激发想象力和创新意识、拥有开阔的眼光和宽广的胸怀，培养造就德智体美全面发展的社会主义建设者和接班人。

（二）基本原则

坚持育人为本，面向全体。遵循美育特点和学生成长规律，以美育人、以文化人，在整体推进各级各类学校美育发展的基础上，重点解决基础教育阶段美育存在的突出问题，缩小城乡差距和校际差距，让每个学生都享有接受美育的机会。

坚持因地制宜，分类指导。以问题为导向，充分考虑地区差异，重点关注农村、边远、贫困和民族地区美育教学条件的改善，加强分类指导，因地因校制宜，鼓励特色发展，坚持整体推进与典型引领相结合，形成“一校一品”、“一校多品”局面。

坚持改革创新，协同推进。加强美育综合改革，统筹学校美育发展，促进德智体美有机融合。整合各类美育资源，促进学校与社会互动互联，齐抓共管、开放合作，形成全社会关心支持美育发展和学生全面成长的氛围。

（三）总体目标

2015 年起全面加强和改进学校美育工作。到 2018 年，取得突破性进展，美育资源配置逐步优化，管理机制进一步完善，各级各类学校开齐开足美育课程。到 2020 年，初步形成大中小幼美育相互衔接、课堂教学和课外活动相互结合、普及教育与专业教育相互促进、学校美育和社会家庭美育相互联系的具有中国特色的现代化美育体系。

二、构建科学的美育课程体系

（四）科学定位美育课程目标

学校美育课程建设要以艺术课程为主体，各学科相互渗透融合，重视美育基础知识学习，增强课程综合性，加强实践活动环节。要以审美和人文素养培养为核心，以创新能力培育为重点，科学定位各级各类学校美育课程目标。

幼儿园美育要遵循幼儿身心发展规律，通过开展丰富多样的活动，培养幼儿拥有美好、善良的心灵，懂得珍惜美好事物，能用自己的方式去表现美、创造美，使幼儿快乐生活、健康成长。义务教育阶段学校美育课程要注重激发学生艺术兴趣，传授必备的基础知识与技能，发展艺术想象力和创新意识，帮助学生形成一两项艺术特长和爱好，培养学生健康向上的审美趣味、审美格调、审美理想。普通高中美育课程要满足学生不同艺术爱好和特长发展的需要，体现课程的多样性和可选择性，丰富学生的审美体验，开阔学生的人文视野。特殊教育学校美育课程要根据学生身心发展水平和特点，培养学生的兴趣和特长，注重潜能发展，将艺术技能与职业技能培养有机结合，为学生融入社会、创业就业和健康快乐生活奠定基础。职业院校美育课程要强化艺术实践，注重与专业课程的有机结合，培养具有审美修养的高素质技术技能人才。普通高校美育课程要依托本校相关学科优势和当地教育资源优势，拓展教育教学内容和形式，引导学生完善人格修养，强化学生的文化主体意识和文化创新意识，增强学生传承弘扬中华优秀文化艺术的责任感和使命感。

（五）开设丰富优质的美育课程

学校美育课程主要包括音乐、美术、舞蹈、戏剧、戏曲、影视等。各级各类学校要按照课程设置方案和课程标准、教学指导纲要，逐步开齐开足上好美育课程。义务教育阶段学校在开设音乐、美术课程的基础上，有条件的要增设舞蹈、戏剧、戏曲等地方课程。普通高中在开设音乐、美术课程的基础上，要创造条件开设舞蹈、戏剧、戏曲、影视等教学模块。职业院校要在开好与基础教育相衔接的美育课程的同时，积极探索开好体现职业教育专业和学生特点的拓展课程。普通高校要在开设以艺术鉴赏为主的限定性选修课程基础上，开设艺术实践类、艺术史论类、艺术批评类等方面的任意性选修课程。各级各类学校要重视和加强艺术经典教育，根据自身优势和特点，开发具有民族、地域特色的地方和校本美育课程。

（六）实施美育实践活动的课程化管理

美育实践活动是学校美育课程的重要组成部分，要纳入教学计划，实施课程化管理。建立学生课外活动记录制度，学生参与社区乡村文化艺术活动、学习优秀民族民间艺术、欣赏高雅文艺演出、参观美术展览等情况与表现要作为中小学生艺术素质测评内容。各级各类学校要贴近校园生活，根据学生认知水平和心理特点，积极探索创造具有时代特征、校园特色和学生特点的美育活动形式。要以戏曲、书法、篆刻、剪纸等中华优秀传统文化艺术为重点，形成本地本校的特色和传统。中小学校应以班级为基础，开展合唱、校园集体舞、儿童歌舞剧等群体性活动。任何学校和教师不得组织学生参加以营利为目的的艺术竞赛活动，严禁任何部门和中小学校组织学生参与商业性艺术活动或商业性庆典活动。

三、大力改进美育教育教学

（七）深化学校美育教学改革

建立以提高学校美育教育教学质量为导向的管理制度和工作机制。按照国家规定的不同学段美育课程设置方案、课程标准以及内容要求，切实强化美育育人目标，根据社会文化发展新变化及时更新教学内容。开发利用当地的民族民间美育资源，搭建开放的美育平台，拓展教育空间。开展多种形式的国际交流与合作，各级各类学校应根据自身条件和特点积极参与中外人文交流。依托现有资源，加强学校美育实践基地建设，取得一批美育综合改革的重要成果，发挥辐射带动作用，推动学校美育的整体发展。

（八）加强美育的渗透与融合

将美育贯穿在学校教育的全过程各方面，渗透在各个学科之中。加强美育与德育、智育、体育相融合，与各学科教学和社会实践活动相结合。挖掘不同学科所蕴涵的丰富美育资源，充分发挥语文、历史等人文学科的美育功能，深入挖掘数学、物理等自然学科中的美育价值。大力开展以美育为主题的跨学科教育教学和课外校外实践活动，将相关学科的美育内容有机整合，发挥各个学科教师的优势，围绕美育目标，形成课堂教学、课外活动、校园文化的育人合力。

（九）创新艺术人才培养模式

专业艺术院校要注重内涵建设，突出办学特色，专业设置应与学科建设、产业发展、社会需求、艺术前沿有机衔接。加强社会服务意识，强化实践育人，进一步完善协同育人的人才培养模式，增强人才培养与经济社会发展的契合度，为经济发展、文化繁荣培养高素质、多样化的艺术专门人才。遵循艺术人才成长规律，促进艺术教育与思想政治教育有机融合、专业课程教学与文化课程教学相辅相成，坚持德艺双馨，着力提升学生综合素养，培养造就具有丰厚文化底蕴、素质全面、专业扎实的艺术专门人才。

（十）建立美育网络资源共享平台

充分利用信息化手段，扩大优质美育教育资源覆盖面。以国家实施“宽带中国”战略为契机，加强美育网络资源建设，加快推进边远贫困地区小学教学点数字教育资源全覆盖。支持和辅导教师用好多媒体远程教学设备，将优质美育资源输送到偏远农村学校。充分调动社会各方面积极性，联合建设美育资源的网络平台，大力开发与课程教材配套的高校和中小学校美育课程优质数字教育资源，鼓励各级各类学校结合“互联网+”发展新形势，创新学校美育教育教学方式，加强基于移动互联网的学习平台建设。

（十一）注重校园文化环境的育人作用

各级各类学校要充分利用广播、电视、网络、教室、走廊、宣传栏等，营造格调高雅、富有美感、充满朝气的校园文化环境，以美感人，以景育人。要让社会主义核心价值观、中华优秀传统文化基因通过校园文化环境浸润学生心田，引导学生发现自然之美、生活之美、心灵之美。进一步办好大中小学生艺术展演活动，抓好中华优秀传统文化艺术传承学校与基地建设，各地要因地制宜探索建设一批体现正确育人导向、具有丰富文化内涵的校园文化美育环境示范学校。

（十二）加强美育教研科研工作

在全国教育科学规划课题和教育部人文社会科学研究项目中设立美育专项课题，并予以一定倾斜。以服务决策为导向，整合资源，协同创新，深入研究学校美育改革发展中的重大理论和现实问题，打造高校美育综合研究的高地和决策咨询的重地。研究制定高校和中小学校美育课程学业质量标准，深入开展美育教学研究和教材研究，形成教材更新机制。加强基础教育阶段艺术类学科教研队伍建设，建立教研员准入制度，严格考核要求。探索建立县（区）美育中心教研协作机制，发挥学科带头人在美育教学研究上的引领作用，促进美育教学质量稳步提升。

四、统筹整合学校与社会美育资源

（十三）采取有力措施配齐美育教师

各级教育部门和各级各类学校要把师资队伍建设作为美育工作的重中之重，努力建设一支师德高尚、业务精湛、结构合理、充满活力的高素质美育教师队伍。普通高校要根据美育课程开设需要，加快公共艺术教师队伍建设。各地要制定时间表、采取有效措施破解中小学校美育教师紧缺问题，根据实行城乡统一的中小学教职工编制标准的要求，通过农村学校艺术教育实验县综合改革实践，建立农村中小学校美育教师补充机制，重点补充农村、边远、贫困和民族地区乡（镇）中小学校的美育教师。实行美育教师交流轮岗制度，采取对口联系、下乡巡教、挂牌授课等多种形式，鼓励城市美育教师到农村学校任教。

（十四）通过多种途径提高美育师资整体素质

各地要建立高校与地方政府、行业企业、中小学校协同培养美育教师的新机制，促进美育教师培养、培训、研究和服务一体化，切实提高各级各类学校美育师资水平。鼓励成立校际美育协作区，发挥艺术学科名师工作室的辐射带动作用，促进美育师资队伍均衡发展。鼓励教师参与美育课程建设和教学改革，支持教师合作开发开设美育课程，倡导跨学科合作。健全老中青教师传帮带和新老教师互帮互助机制。搭建美育课堂教学交流和教学技能培训平台，加强经验交流与培训，在中小学教师国家级培训计划（国培计划）中加大对中小学校教师特别是乡村美育教师培训力度，带动各地开展农村美育教师培训。

（十五）整合各方资源充实美育教学力量

教育部门要联合和依托文化部门及相关单位，组织选派优秀文化艺术工作者积极参与文艺支教志愿服务项目，鼓励和引导高校艺术专业教师、艺术院团专家和社会艺术教育专业人士到中小学校担任兼职艺术教师，开展“结对子、种文化”活动。积极探索组建美育教学联盟、文艺工作者援教联盟，依托联盟搭建农村美育支教平台。继续鼓励和支持专业文艺团体、非专业的高水平文艺社团有计划地赴高校开展高雅艺术进校园活动，组织专家讲学团开设专题美育讲座。聘请艺术家和民间艺人进校园，因地制宜成立相关工作室。专业艺术院校要积极在中小学校建立对口支持的基地。

（十六）探索构建美育协同育人机制

以立德树人、崇德向善、以美育人为导向，加强对家庭美育的引导，规范社会艺术考级市场，强化社会文化环境治理，宣传正确的美育理念，充分发挥家庭和社会的育人作用，转变艺术学习的技术化和功利化倾向，营造有利于青少年成长的健康向上的社会文化环境。建立学校、家庭、社会多位一体的美育协同育人机制，推进美育协同创新，探索建立教育与宣传、文化等部门及文艺团体的长效合作机制，建立推进学校美育工作的部门间协调机制。

五、保障学校美育健康发展

（十七）加强组织领导

各地要将美育作为实现教育现代化的一项重要任务摆在突出位

置，认真履行发展美育的职责，将美育发展纳入政府重要议事日程，结合实际制定具体实施方案，明确工作部署，切实抓紧抓好。建立健全教育部门牵头、有关部门分工负责、全社会广泛参与的美育工作机制，明确责任，按照职能分工，落实好推进学校美育改革发展的各项任务。

（十八）加强美育制度建设

坚持依法治教，运用法治思维和法治方式，深化美育综合改革。研究完善学校美育工作有关规章制度，使美育制度规则体系能够及时适应实践发展需要，为推进学校美育改革发展提供制度保障。

（十九）加大美育投入力度

地方政府要通过多种形式筹措资金，满足美育发展基本需求，建立学校美育器材补充机制。各地要加快推进义务教育阶段学校美育设施标准化建设，加强高校艺术教育场馆建设，将更多的文化建设项目布点在学校，促进学校资源与社会资源互动互联，推动校内外资源设施共建共享。鼓励各地筹措和利用社会资金对农村中小学校美育走教教师给予专项补贴。中央财政通过全面改善贫困地区义务教育薄弱学校基本办学条件等工作，加大投入力度，支持地方尽快补齐学校美育的短板。

（二十）探索建立学校美育评价制度

各地要开展中小学生艺术素质测评，抓好一批试点地区和试点学校，及时总结推广，发挥示范带动作用。实施中小学校美育工作自评制度，学校每学年要进行一次美育工作自评，自评工作实行校长负责制，纳入校长考核内容，并通过当地教育部门官方网站信息公开专栏向社会公示自评结果。制定符合高校艺术专业特点的教育教学评价标准。建立学校美育发展年度报告制度，各级教育部门每年要全面总结本地区各级各类学校美育工作，编制年度报告。教育部应委托第三方机构研究编制并发布全国学校美育发展年度报告。

（二十一）建立美育质量监测和督导制度

中小学校美育课程开课率已列入教育现代化进程监测评价指标体系之中，各地要将其作为对学校评价、考核的重要指标。要在国家基础教育质量监测中，每三年组织一次学校美育质量监测。鼓励各地运用现代化手段对美育质量进行监测。各级教育督导部门要将美育纳入督导内容，定期开展专项督导工作。

国务院办公厅

2015 年 9 月 15 日

中小学校电化教育规程

教电〔1997〕3号

（1997年7月14日国家教育委员会发布）

第一章 总 则

第一条 为促进中小学电化教育工作并加强管理，根据《中华人民共和国教育法》及有关规定，制定本规程。

第二条 中小学校电化教育是在教育教学过程中，运用投影、幻灯、录音、录像、广播、电影、电视、计算机等现代教育技术，传递教育信息，并对这一过程进行设计、研究和管理的一种教育形式；是促进学校教育教学改革、提高教育教学质量的有效途径和方法；是实现教育现代化的重要内容。

第三条 中小学校开展电化教育应从实际出发，坚持因地制宜、讲求实效、逐步提高的原则。要充分发挥各种电教媒体在教育教学中的作用，注重教学应用与研究。

第四条 各级政府和教育行政部门应积极创造条件，扶持中小学校开展电化教育，将中小学电化教育工作列入当地教育事业的发展规划。

第二章　机构与职能

第五条　中小学校应建立专门机构或指定有关部门负责电化教育。其名称可根据学校的规模称为电化教育室（中心）或电化教育组，规模较小的中小学校也可在教学管理部门设专人或兼职人员负责此项工作。

第六条　中小学校电化教育机构要在学校的统一管理下，与校内各相关部门相互配合，完成电化教育工作，其主要职责：

1. 拟订学校电化教育工作计划，协调学校各部门开展电化教育工作，并承担其中一部分教学任务。

2. 收集、购置、编制、管理电化教育教材和资料。

3. 维护、管理电化教育器材、设备、设施。

4. 组织教师参加电化教育的基本知识和技能培训。

5. 组织并参与电化教育的实验研究。

第七条　中小学校从事电化教育的人员编制，由学校主管部门根据实际情况，在学校教职工总编制内确定，按学校规模和电化教育开展的实际配备专职或兼职电教人员。

第八条　中小学校电化教育机构的负责人应有较高的政治素质、熟悉电教业务，有较强的教学和管理能力，一般应具有中级以上专业技术职务。电化教育机构的负责人应保持相对稳定。

第三章　电教专职人员与学科教师

第九条　中小学校电化教育机构的专职人员是教学人员，必须具备教师资格，熟悉教学业务，掌握电化教育的知识、技能和技巧。中小学校电教专职人员应通过教育行政部门组织的业务培训与考核，不断提高电化教育水平。

第十条 中小学校电化教育专职人员的专业技术职务按国家规定评聘。在评审与聘任时，要充分考虑电化教育工作的性质和特点。

第十一条 电化教育专职人员要组织、指导学科教师开展电化教学。

中小学校应聘请优秀教师作为电化教育机构的兼职人员开展工作。教师担任电教机构的工作或编制教材、资料应计算教学工作量。优秀的电教教材、电教研究成果，应与相应的科研、教学研究成果同等对待。教师开展电化教学的实绩，应作为考核教师的内容。

第十二条 学科教师要增强现代教育意识，学习并掌握电化教育的基本知识和技能；积极采用现代教学手段，开展电化教学；研究电教教材教法；总结电化教学经验，提高教学质量和效率。

第四章 经费与设备

第十三条 中小学校开展电化教育要有必要的经费保证，各级政府和教育行政部门要逐年增加对中小学电化教育经费的投入。学校应确定一定的经费比例开展电化教育。

第十四条 电化教育的设备是开展电化教育的基础。学校要按照地方教育行政部门制定的有关中小学校电化教育教学仪器设备配备目录，根据教学的实际需要，统筹配备电化教育设备。要加强电化教育设备、设施的维护和管理，提高利用率。

第十五条 学校电化教育设备、设施是为教育教学服务的，不得挪作它用。

第五章 电教教材与资料

第十六条 开展电化教育的中小学校要加强电教教材（音像、多媒体）、资料建设，保证有足够的经费用于配备电教教材、资料，做到与电教设备、设施建设同步发展。

第十七条 中小学校应根据教学的需要，合理选择和配备由中央和省级教育行政部门印发的中小学教学用书目录所列入的全国或地方通用的电教教材，有条件的学校可根据实际需要自行编制补充性电教教材供学校教学使用，要做好学校电教教材的管理和应用工作。

第十八条 中小学校电教教材、资料的编辑、出版不得违反《著作权法》；中小学校不得使用有害青少年身心健康的、非法的音像制品。

第六章 管理与领导

第十九条 地方各级教育行政部门主管本地区的中小学校电化教育工作，制定本地区电化教育发展规划及工作计划，并检查、评估和督导中小学校电化教育工作，协调电教、教研、装备、师训部门保障学校电化教育工作的健康发展。

第二十条 地方各级电化教育馆（中心）是当地中小学电化教育的教材（资料）中心、研究中心、人员培训和技术服务中心，教育行政部门应加强对中小学校电化教育工作的管理与指导。

第二十一条 中小学校要贯彻上级关于电化教育的各项方针、政策，加强对电化教育工作的领导，将其纳入学校整体工作之中，并要有一名校级领导主管电化教育工作。

第二十二条 中小学校要重视对学科教师开展电化教育的基本知识和技能的培训，有计划地组织不同层次、不同形式、不同内容的教师培训活动，推动学校电化教育工作广泛深入的开展。

第七章 附 则

第二十三条 本规程适用于普通中小学校。中等专业学校、中等技术学校、技工学校、职业中学、特殊教育学校、幼儿园，可参照执行。

第二十四条 各省、自治区、直辖市教育行政部门可根据本规程，结合本地区实际，制订实施细则。

第二十五条 本规程自公布之日起施行。以前有关规定凡与本规程有不符的，以本规程为准。

全国普法学习读本

★ ★ ★ ★ ★

学校管理法律法规学习读本

学校体育卫生法律法规

叶浦芳　主编

加大全民普法力度，建设社会主义法治文化，树立宪法法律至上、法律面前人人平等的法治理念。

——中国共产党第十九次全国代表大会《决胜全面建成小康社会　夺取新时代中国特色社会主义伟大胜利》

汕頭大學出版社

图书在版编目（CIP）数据

学校体育卫生法律法规 / 叶浦芳主编 . -- 汕头 :
汕头大学出版社，2023.4（重印）
（学校管理法律法规学习读本）
ISBN 978-7-5658-3326-7

Ⅰ. ①学… Ⅱ. ①叶… Ⅲ. ①文化教育法规-中国-学习参考资料 Ⅳ. ①D922.164

中国版本图书馆 CIP 数据核字（2018）第 000900 号

学校体育卫生法律法规　XUEXIAO TIYU WEISHENG FALÜ FAGUI

主　　编：叶浦芳
责任编辑：汪艳蕾
责任技编：黄东生
封面设计：大华文苑
出版发行：汕头大学出版社
　　　　　广东省汕头市大学路 243 号汕头大学校园内　邮政编码：515063
电　　话：0754-82904613
印　　刷：三河市元兴印务有限公司
开　　本：690mm×960mm 1/16
印　　张：18
字　　数：226 千字
版　　次：2018 年 1 月第 1 版
印　　次：2023 年 4 月第 2 次印刷
定　　价：59.60 元（全 2 册）
ISBN 978-7-5658-3326-7

前言

习近平总书记指出："推进全民守法，必须着力增强全民法治观念。要坚持把全民普法和守法作为依法治国的长期基础性工作，采取有力措施加强法制宣传教育。要坚持法治教育从娃娃抓起，把法治教育纳入国民教育体系和精神文明创建内容，由易到难、循序渐进不断增强青少年的规则意识。要健全公民和组织守法信用记录，完善守法诚信褒奖机制和违法失信行为惩戒机制，形成守法光荣、违法可耻的社会氛围，使遵法守法成为全体人民共同追求和自觉行动。"

中共中央、国务院曾经转发了中央宣传部、司法部关于在公民中开展法治宣传教育的规划，并发出通知，要求各地区各部门结合实际认真贯彻执行。通知指出，全民普法和守法是依法治国的长期基础性工作。深入开展法治宣传教育，是全面建成小康社会和新农村的重要保障。

普法规划指出：各地区各部门要根据实际需要，从不同群体的特点出发，因地制宜开展有特色的法治宣传教育坚持集中法治宣传教育与经常性法治宣传教育相结合，深化法律进机关、进乡村、进社区、进学校、进企业、进单位的"法律六进"主题活动，完善工作标准，建立长效机制。

特别是农业、农村和农民问题，始终是关系党和人民事业发展的全局性和根本性问题。党中央、国务院发布的《关于推进社会主义新农村建设的若干意见》中明确提出要"加强农村法制建设，深入开展农村普法教育，增强农民的法制观念，提高农民依法行使权利和履行义务的自觉性。"多年普法实践证明，普及法律知识，提高法制观念，增强全社会依法办事意识具有重要作用。特别是在广大农村进行普法教育，是提高全民法律素质的需要。

多年来，我国在农村实行的改革开放取得了极大成功，农村发生了翻天覆地的变化，广大农民生活水平大大得到了提高。但是，由于历史和社会等原因，现阶段我国一些地区农民文化素质还不高，不学法、不懂法、不守法现象虽然较原来有所改变，但仍有相当一部分群众的法制观念仍很淡化，不懂、不愿借助法律来保护自身权益，这就极易受到不法的侵害，或极易进行违法犯罪活动，严重阻碍了全面建成小康社会和新农村步伐。

为此，根据党和政府的指示精神以及普法规划，特别是根据广大农村农民的现状，在有关部门和专家的指导下，特别编辑了这套《全国普法学习读本》。主要包括了广大人民群众应知应懂、实际实用的法律法规。为了辅导学习，附录还收入了相应法律法规的条例准则、实施细则、解读解答、案例分析等；同时为了突出法律法规的实际实用特点，兼顾地方性和特殊性，附录还收入了部分某些地方性法律法规以及非法律法规的政策文件、管理制度、应用表格等内容，拓展了本书的知识范围，使法律法规更“接地气”，便于读者学习掌握和实际应用。

在众多法律法规中，我们通过甄别，淘汰了废止的，精选了最新的、权威的和全面的。但有部分法律法规有些条款不适应当下情况了，却没有颁布新的，我们又不能擅自改动，只得保留原有条款，但附录却有相应的补充修改意见或通知等。众多法律法规根据不同内容和受众特点，经过归类组合，优化配套。整套普法读本非常全面系统，具有很强的学习性、实用性和指导性，非常适合用于广大农村和城乡普法学习教育与实践指导。总之，是全国全民普法的良好读本。

目　录

学校体育工作条例

学校卫生工作条例

校园综合管理

学校体育工作条例

关于实施《学校体育工作条例》的通知

教体〔1990〕006号

各省、自治区、直辖市及计划单列市、新疆生产建设兵团教委、高教、教育厅（局)、体委：

由国家教委、国家体委、财政部、人事部、建设部共同拟订的《学校体育工作条例》（以下简称《条例》）于一九九0年二月二十日经国务院批准，国家教委、国家体委已于一九九0年三月十二日发布施行。

《条例》是学校体育工作的基本法规。《条例》的制订与施行，体现了国家对学校体育工作的重视和关心。《条例》中规定的各项任务、内容及要求，是指导学校体育工作的重要依据，是全面加强学校体育工作的有力措施。因此，各地教育、体育行政部门应当十分重视实施《条例》的工作，加强领导、认真学习、广泛宣传、切实执行。

一、各地教育行政部门应将《条例》印发至本地各所学校，并充分利用各种宣传工具，深入宣传《条例》的主要内容和实施意义。

二、各地教育、体育行政部门应积极与财政、人事、建设等部门协商，统筹规划本地区的学校体育工作；

三、各地教育行政部门会同体育行政部门，结合本地实际情况，制定出具体的实施办法、检查措施和评估细则。要认真抓点，总结经验，进一步理顺学校体育工作的领导体制和管理机制。

国家教育委员会
国家体育运动委员会
1990 年 5 月 14 日

第一章　总　则

第一条　为保证学校体育工作的正常开展，促进学生身心的健康成长，制订本条例。

第二条　学校体育工作是指普通中小学校、农业中学、职业中学、中等专业学校、普通高等学校的体育课教学、课外体育活动、课余体育训练和体育竞赛。

第三条　学校体育工作的基本任务是：增进学生身心健康、增强学生体质；使学生掌握体育基本知识，培养学生体育运动能力和习惯；提高学生运动技术水平，为国家培养体育后备人才；对学生进行品德教育，增强组织纪律性，培养学生的勇敢、顽强、进取精神。

第四条　学校体育工作应当坚持普及与提高相结合、体育锻炼与安全卫生相结合的原则，积极开展多种形式的强身健体活动，重视继承和发扬民族传统体育，注意吸取国外学校体育的有益经验，积极开展体育科学研究工作。

第五条　学校体育工作应当面向全体学生，积极推行国家体育锻炼标准。

第六条　学校体育工作在教育行政部门领导下，由学校组织实施，并接受体育行政部门的指导。

第二章　体育课教学

第七条　学校应当根据教育行政部门的规定，组织实施体育课教学活动。

普通中小学校、农业中学、职业中学、中等专业学校各年级和普通高等学校的一、二年级必须开设体育课。普通高等学校对三年级以上学生开设体育选修课。

第八条　体育课教学应当遵循学生身心发展的规律，教学内容应当符合教学大纲的要求，符合学生年龄、性别特点和所在地区地理、气候条件。

体育课的教学形式应当灵活多样，不断改进教学方法，改善教学条件，提高教学质量。

第九条　体育课是学生毕业、升学考试科目。学生因病、残免修体育课或者免除体育课考试的，必须持医院证明，经学校体育教研室（组）审核同意，并报学校教务部门备案。记入学生健康档案。

第三章　课外体育活动

第十条　开展课外体育活动应当从实际情况出发，因地制宜，生动活泼。

普通中小学校、农业中学、职业中学每天应当安排课间操，每周安排三次以上课外体育活动，保证学生每天有一小时体育活动的时间（含体育课）。

中等专业学校、普通高等学校除安排有体育课、劳动课的当天外，每天应当组织学生开展各种课外体育活动。

第十一条　学校应当在学生中认真推行国家体育锻炼标准的达标活动和等级运动员制度。

学校可根据条件有计划地组织学生远足、野营和举办夏（冬）令营等多种形式的体育活动。

第四章 课余体育训练与竞赛

第十二条 学校应当在体育课教学和课外体育活动的基础上，开展多种形式的课余体育训练，提高学生的运动技术水平。有条件的普通中小学校、农业中学、职业中学、中等专业学校经省级教育行政部门批准，普通高等学校经国家教育委员会批准，可以开展培养优秀体育后备人才的训练。

第十三条 学校对参加课余体育训练的学生，应当安排好文化课学习，加强思想品德教育并注意改善他们的营养。普通高等学校对运动水平较高、具有培养前途的学生，报国家教育委员会批准，可适当延长学习年限。

第十四条 学校体育竞赛贯彻小型多样、单项分散、基层为主、勤俭节约的原则。学校每学年至少举行一次以田径项目为主的全校性运动会。

普通小学校际体育竞赛在学校所在地的区、县范围内举行，普通中学校际体育竞赛在学校所在地的自治州、市范围内举行。但经省、自治区、直辖市教育行政部门批准，也可以在本省、自治区、直辖市范围内举行。

第十五条 全国中学生运动会每三年举行一次；全国大学生运动会每四年举行一次。特殊情况下，经国家教育委员会批准可提前或延期举行。

国家教育委员会根据需要，可以安排学生参加国际学生体育竞赛。

第十六条 学校体育竞赛应当执行国家有关的体育竞赛制度和规定，树立良好的赛风。

第五章　体育教师

第十七条　体育教师应当热爱学校体育工作，具有良好的思想品德、文化素养，掌握学校体育的理论和教学方法。

第十八条　学校应当在各级教育行政部门核定的教师总编制数内，按照教学计划中体育课授课时数所占的比例和开展课余体育活动的需要配备体育教师。除普通小学外，学校应当根据学校女生数量配备一定比例的女体育教师。承担培养优秀体育后备人才训练任务的学校，体育教师的配备应当相应增加。

第十九条　各级教育行政部门和学校应当有计划地安排体育教师进修培训。对体育教师的职务聘任、工资待遇应当与其他任课教师同等对待，按照国家有关规定，有关部门应当妥善解决体育教师的工作服装和粮食定量。

体育教师组织课间操（早操）、课外体育活动和课余训练、体育竞赛应当计算工作量。

学校对妊娠、产后的女体育教师，应当依照《女职工劳动保护规定》给予相应的照顾。

第六章　场地、器材、设备和经费

第二十条　学校的上级主管部门和学校应当按照国家或者地方制订的各类学校体育场地、器材、设备标准，有计划地逐步配齐。学校体育器材应当纳入教学仪器供应计划。新建、改建学校必须按照有关场地、器材的规定进行规划、设计和建设。

在学校比较密集的城镇地区，逐步建立中、小学体育活动中心，并纳入城市建设规划。社会的体育场（馆）和体育设施应当安排一定时间免费向学生开放。

第二十一条 学校应当制定体育场地、器材、设备的管理维修制度，并由专人负责管理。

任何单位或者个人不得侵占、破坏学校体育场地或者破坏体育器材、设备。

第二十二条 各级教育行政部门和学校应当根据学校体育工作的实际需要，把学校体育经费纳入核定的年度教育经费预算内，予以妥善安排。

地方各级人民政府在安排年度学校教育经费时，应当安排一定数额的体育经费，以保证学校体育工作的开展。

国家和地方各级体育行政部门在经费上应当尽可能对学校体育工作给予支持。

国家鼓励各种社会力量以及个人自愿捐资支援学校体育工作。

第七章　组织机构和管理

第二十三条 各级教育行政部门应当健全学校体育管理机构，加强对学校体育工作的指导和检查。

学校体育工作应当作为考核学校工作的一项基本内容。普通中小学校的体育工作应当列入督导计划。

第二十四条 学校应当由一位副校（院）长主管体育工作，在制定计划、总结工作、评选先进时，应当把体育工作列为重要内容。

第二十五条 普通高等学校、中等专业学校和规模较大的普通中学，可以建立相应的体育管理部门，配备专职干部和管理人员。

班主任、辅导员应当把学校体育工作作为一项工作内容，教育和督促学生积极参加体育活动。学校的卫生部门应当与体育管理部门互相配合，搞好体育卫生工作。总务部门应当搞好学校体育工作的后勤保障。

学校应当充分发挥共青团、少先队、学生会以及大、中学生体育协会等组织在学校体育工作中的作用。

第八章　奖励与处罚

第二十六条　对在学校体育工作中成绩显著的单位和个人，各级教育、体育行政部门或者学校应当给予表彰、奖励。

第二十七条　对违反本条例，有下列行为之一的单位或者个人，由当地教育行政部门令其限期改正，并视情节轻重对直接责任人员给予批评教育或者行政处分：

（一）不按规定开设或者随意停止体育课的；

（二）未保证学生每天一小时体育活动时间（含体育课）的；

（三）在体育竞赛中违反纪律、弄虚作假的；

（四）不按国家规定解决体育教师工作服装、粮食定量的。

第二十八条　对违反本条例，侵占、破坏学校体育场地、器材、设备的单位或者个人，由当地人民政府或者教育行政部门令其限期清退和修复场地、赔偿或者修复器材、设备。

第九章　附　则

第二十九条　高等体育院校和普通高等学校的体育专业的体育工作不适用本条例。

技工学校、工读学校、特殊教育学校、成人学校的学校体育工作参照本条例执行。

第三十条　国家教育委员会、国家体育运动委员会可根据本条例制定实施办法。

第三十一条　本条例自发布之日起施行。原教育部、国家体育运动委员会 1979 年 10 月 5 日发布的《高等学校体育工作暂行规定（试行草案）》和《中、小学体育工作暂行规定（试行草案）》同时废止。

附　录

学校体育运动风险防控暂行办法

教育部关于印发
《学校体育运动风险防控暂行办法》的通知
教体艺〔2015〕3号

各省、自治区、直辖市教育厅（教委），新疆生产建设兵团教育局：

为贯彻落实党的十八届三中和四中全会精神，认真落实《国家中长期教育改革和发展规划纲要（2010—2020年）》和《国务院办公厅转发教育部等部门关于进一步加强学校体育工作若干意见的通知》（国办发〔2012〕53号）的有关要求，加强各级各类学校体育运动风险防控工作，保障学校体育工作健康有序开展，现将《学校体育运动风险防控暂行办法》印发给你们，请遵照执行。

中华人民共和国教育部
2015年4月30日

第一章　总　则

第一条　为防范学校体育运动风险，保护学生、教师和学校的合法权益，保障学校体育工作健康、有序开展，根据《义务教育法》《未成年人保护法》《侵权责任法》等法律，制定本办法。

第二条 学校体育运动是指教育行政部门和学校组织开展或组织参与的体育教学、课外体育活动、课余体育训练、体育比赛，以及学生在学校负有管理责任的体育场地、器材设施自主开展的体育活动。学校体育运动风险是指学校体育运动过程中可能发生人员身体损伤的风险。体育运动伤害事故是指体育运动中发生的造成人员身体损伤后果的事故。

第三条 学校应当依法积极开展学校体育运动，组织学生参加体育锻炼，增进学生体质健康水平。组织学生参加体育锻炼活动应当加强体育运动风险防控工作。

第四条 学校体育运动风险防控遵循预防为主、分级负责、学校落实、社会参与的原则。教育行政部门和学校应当建立健全学校体育运动风险防控机制，预防和避免体育运动伤害事故的发生。

教育行政部门和学校不得以减少体育活动的做法规避体育运动风险。

第五条 本办法适用于全日制中小学、中等职业学校。普通高等学校、特殊教育学校的体育运动风险防控工作可参照本办法，结合实际执行。

第二章 管理职责

第六条 教育行政部门应当把学校体育运动风险防控作为教育管理与督导的重要内容，纳入工作计划，制订适合本地区的学校体育运动风险防控指导意见或工作方案，明确风险防控的具体内容和基本要求，指导并督促学校建立完善学校体育运动风险防控机制，落实防控责任和措施。

教育督导机构应当对学校体育运动风险防控进行督导检查，检查结果作为对学校进行考核和问责的重要依据。

第七条 学校应当建立校内多部门协调配合、师生员工共同参与的学校体育运动风险防控机制，制订风险防控制度和体育运动伤害事故处理预案，明确教务、后勤、学生管理、体育教学等各职能部门的职责，组织和督促相关部门和人员履行职责，落实要求。

第八条 教育行政部门和学校应当严格按照国家有关产品和质量标准选购体育器材设施，没有国家标准和行业标准的，应当要求供应商提供第三方专业机构的安全检测及评估报告。应当建立体育器材设施与场地安全台帐制度，记录采购负责人、采购时执行的标准、使用年限、安装验收、定期检查及维护情况。

学校体育器材设施应当严格按照安装要求，由供应商负责完成安装，安装完成后学校应当进行签收，签收结果记录在体育器材设施与场地安全台帐中。

由教育行政部门采购交由学校使用的体育器材设施，应当将采购安全台帐同期交付。

第九条 学校应当按规定安排学生健康体检，建立学生健康档案，按照《中小学生学籍管理办法》规定，纳入学籍档案管理。学生新入学，应当要求学生家长如实提供学生健康状况的真实信息。转学应当转接学生健康档案。涉及学生个人隐私的，学校负有保密义务。

对不适合参与体育课或统一规定的体育锻炼的学生，学校和教师应当减少或免除其体育活动。

第十条 学校应当主动公示体育运动风险防控管理制度、体育运动伤害事故处理预案等信息，接受家长和社会的监督。

第三章　常规要求

第十一条 教师在体育课教学、体育活动及体育训练前，应当认真检查体育器材设施及场地；体育课教学、体育活动及体育训练中，应当强化安全防范措施，对技术难度较大的动作应当按教学要求，详细分解、充分热身，并采取正确的保护与帮助。

第十二条 教育行政部门或学校组织开展大型体育活动或体育比赛，应当成立安全管理机构；制订安全应急预案；检查体育器材设施及场地，设置相应安全设施及标识；设置现场急救点，安排医务人员现场值守；对学生进行安全教育。

组织学生参加跨地区体育活动和体育比赛，应当根据活动或比赛要求向学生及家长提供安全告知书，获得家长书面反馈意见。

大型体育活动或体育比赛需要第三方提供交通、食品、饮水、医疗等服务的，应当选择有合格资质的服务机构，依法签订规范的服务合同。

第十三条 学校应当根据体育器材设施及场地的安全风险进行分类管理。具有安全风险的体育器材设施应当设立明显警示标志和安全提示。需要在教师指导和保护下才可使用的器材，使用结束后应当屏蔽保存或专门保管，不得处于学生可自由使用的状态；不便于屏蔽保存的，应当有安全提示。教师自制的体育器材，应当组织第三方专业机构或人员进行安全风险评估，评估合格后方能使用。

第十四条 学校应当对体育器材设施及场地的使用安全情况进行巡查，定期进行维护，根据安全需要或相关规定及时更新和报废相应的体育器材设施，及时消除安全隐患。

第十五条 学校应当利用开学教育、校园网络、家长会等进行体育安全宣传教育，普及体育安全知识，宣讲体育运动风险防控要求和措施，引导学生和家长重视理解体育运动风险防范。

第四章　事故处理

第十六条 体育运动伤害事故发生后，学校应当按照体育运动伤害事故处理预案要求及时实施或组织救助，并及时与学生家长进行沟通。

第十七条 发生体育运动伤害事故，情形严重的，学校应当及时向主管教育行政部门报告；属于重大伤亡事故的，主管教育行政部门应当按照有关规定及时向同级人民政府和上一级教育行政部门报告。

体育运动伤害事故处理结束，学校应当将处理结果书面报主管教育行政部门；重大伤亡事故的处理结果，主管教育行政部门应当向同级人民政府和上一级教育行政部门报告。

第十八条 学校应当依据《学生伤害事故处理办法》和相关法律法规依法妥善处理体育运动伤害事故。

第十九条 学校主管教育行政部门可会同体育、医疗、司法等部门及相关方面的专业人士组建学校体育运动伤害事故仲裁小组，对事故进行公平、公正的调查，提出仲裁意见，为事故处理提供依据。

第二十条 教育行政部门和学校应当健全学生体育运动意外伤害保险机制，通过购买校方责任保险、鼓励家长或者监护人自愿为学生购买意外伤害保险等方式，完善学校体育运动风险管理和转移机制。

第五章 附 则

第二十一条 本办法自2015年6月1日起实施。

高等学校体育工作基本标准

教育部关于印发《高等学校体育工作基本标准》的通知

教体艺〔2014〕4号

各省、自治区、直辖市教育厅（教委），新疆生产建设兵团教育局，有关部门（单位）教育司（局），部属各高等学校：

现将《高等学校体育工作基本标准》（以下简称《基本标准》）印发给你们，请遵照执行。

《基本标准》是对全日制普通高等学校体育工作的基本要求，也是评估、检查高等学校体育工作的重要依据，凡是达不到《基本标准》要求、学生体质健康水平连续三年下降的学校，在“高等学校本科教学工作水平评估”中不得评为合格等级，各省（区、市）不得批准其为高水平运动队建设学校。

各高等学校要充分认识加强学校体育工作的重要意义，牢固树立健康第一的指导思想，把体育工作摆上重要位置，切实加强领导和规范管理，认真落实《基本标准》。

教育部将适时组织开展面向所有高校的《基本标准》达标工作专项评估、检查，凡不达标的学校，将予以通报并限期整改，整改期间高水平运动队建设学校停止招收运动队新生。

请将此件转发至所属高校。

中华人民共和国教育部

2014年6月11日

为落实立德树人根本任务，加强高等学校体育工作，切实提高高校学生体质健康水平，促进学生全面发展，根据国家有关规定，制定本标准。本标准适用于普通本科学校和高等职业学校的体育工作。

一、体育工作规划与发展

（一）全面贯彻党的教育方针，服务立德树人根本任务，将学校体育纳入学校全面实施素质教育的各项工作，认真执行国家教育发展规划、规章制度及各项要求。创新人才培养模式，使学生掌握科学锻炼的基础知识、基本技能和有效方法，学会至少两项终身受益的体育锻炼项目，养成良好锻炼习惯。挖掘学校体育在学生道德教育、智力发展、身心健康、审美素养和健康生活方式形成中的多元育人功能，有计划、有制度、有保障地促进学校体育与德育、智育、美育有机融合，提高学生综合素质。

（二）统筹规划学校体育发展，把增强学生体质和促进学生健康作为学校教育的基本目标之一和重要工作内容，纳入学校总体发展规划，全面发挥体育在学校人才培养、科学研究、社会服务和文化传承中不可替代的作用。制订阳光体育运动工作方案，明确工作目标、具体任务、保障措施和责任分工，并落实各项工作。

（三）设置体育工作机构，配备专职干部、教师和工作人员，并赋予其统筹开展学校体育工作的各项管理职能。实行学校领导分管负责制（或体育工作委员会制），每年至少召开一次体育工作专题会议，有针对性地解决实际问题。学校各有关部门积极协同配合，合理分工，明确人员，落实责任。

（四）加强学校体育工作管理，在学校体育改革发展、教育教学、教研科研、竞赛活动、社会服务等各项工作领域制订规范文件、健全管理制度、加强过程监测。建立科学规范的学校体育工作评价机制，并纳入综合办学水平和教育教学质量评价体系。

二、体育课程设置与实施

（五）严格执行《全国普通高等学校体育课程教学指导纲要》，

必须为一、二年级本科学生开设不少于 144 学时（专科生不少于 108 学时）的体育必修课，每周安排体育课不少于 2 学时，每学时不少于 45 分钟。为其他年级学生和研究生开设体育选修课，选修课成绩计入学生学分。每节体育课学生人数原则上不超过 30 人。

（六）深入推进课程改革，合理安排教学内容，开设不少于 15 门的体育项目。每节体育课须保证一定的运动强度，其中提高学生心肺功能的锻炼内容不得少于 30%；要将反映学生心肺功能的素质锻炼项目作为考试内容，考试分数的权重不得少于 30%。

（七）创新教育教学方式，指导学生科学锻炼，增强体育教学的吸引力、特色性和实效性。建立体育教研、科研制度，形成高水平研究团队，多渠道开展以提高学生体质健康、教学质量、课余训练、体育文化水平等为目标的战略性、前瞻性、应用性项目研究，带动学校体育工作整体水平提高。

三、课外体育活动与竞赛

（八）将课外体育活动纳入学校教学计划，健全制度、完善机制、加强保障。面向全体学生设置多样化、可选择、有实效的锻炼项目，组织学生每周至少参加三次课外体育锻炼，切实保证学生每天一小时体育活动时间。

（九）学校每年组织春、秋季综合性学生运动会（或体育文化节），设置学生喜闻乐见、易于参与的竞技性、健身性和民族性体育项目，参与运动会的学生达到 50% 以上。经常组织校内体育比赛，支持院系、专业或班级学生开展体育竞赛和交流等活动。

（十）注重培养学生体育特长，有效发挥体育特长生和学生体育骨干的示范作用，组建学生体育运动队，科学开展课余训练，组织学生参加教育和体育部门举办的体育竞赛。

（十一）加强校园体育文化建设，促进中华优秀体育文化传承创新。学校成立不少于 20 个学生体育社团，采取鼓励和支持措施定期开展活动，形成良好的校园体育传统和特色。开展对外体育交流与合作。通过校报、公告栏和校园网等形式，定期通报学生体育活动情况，传播健康理念。

（十二）因地制宜开展社会服务。支持体育教师适度参与国内外重大体育比赛的组织、裁判等社会实践工作。鼓励体育教师指导中小学体育教学、训练和参与社区健身辅导等公益活动。支持学校师生为政府及社会举办的体育活动提供志愿服务。

四、学生体质监测与评价

（十三）全面实施《国家学生体质健康标准》，建立学生体质健康测试中心，安排专门人员负责，完善工作条件，每年对所有学生进行体质健康测试，测试成绩向学生反馈，并将测试结果经教育部门审核后上报国家学生体质健康标准数据管理系统，形成本校学生体质健康年度报告。及时在校内公布学生体质健康测试总体结果。

（十四）建立健全《国家学生体质健康标准》管理制度，学生测试成绩列入学生档案，作为对学生评优、评先的重要依据。毕业时，学生测试成绩达不到50分者按结业处理（因病或残疾学生，凭医院证明向学校提出申请并经审核通过后可准予毕业）。毕业年级学生测试成绩及格率须达95%以上。

（十五）将学生体质健康状况作为衡量学校办学水平的重要指标。将体质健康状况、体育课成绩、参与体育活动等情况作为学生综合素质评价的重要内容。

（十六）建立学生体质健康状况分析和研判机制，根据学生体质健康状况制定干预措施，视情况采取分类教学、个别辅导等必要措施，指导学生有针对性地进行体育锻炼，切实改进体育工作，提高全体学生体质健康水平。

五、基础能力建设与保障

（十七）健全学校体育保障机制，学校体育工作经费纳入学校经费预算，并与学校教育事业经费同步增长。加强学校体育活动的安全教育、伤害预防和风险管理，建立健全校园体育活动意外伤害保险制度，妥善处置伤害事件。

（十八）根据体育课教学、课外体育活动、课余训练竞赛和实施《国家学生体质健康标准》等工作需要，合理配备体育教师。体育教师年龄、专业、学历和职称结构合理，健全体育教师职称评定、学术评价、岗位聘任和学习进修等制度。

（十九）将体育教学、课外体育活动、课余训练竞赛和实施《国家学生体质健康标准》等工作纳入教师工作量，保证体育教师与其他学科（专业）教师工作量的计算标准一致，实行同工同酬。

（二十）体育场馆、设施和器材等符合国家配备、安全和质量标准，完善配备、管理、使用等规章制度，基本满足学生参加体育锻炼的需求。定时维护体育场馆、设施，及时更新、添置易耗、易损体育器材。体育场馆、设施在课余和节假日向学生免费或优惠开放。

关于进一步加强学校体育工作的若干意见

国务院办公厅转发教育部等部门关于进一步
加强学校体育工作若干意见的通知
国办发〔2012〕53号

各省、自治区、直辖市人民政府，国务院各部委、各直属机构：

教育部、发展改革委、财政部、体育总局《关于进一步加强学校体育工作的若干意见》已经国务院同意，现转发给你们，请认真贯彻执行。

国务院办公厅
2012年10月22日

为深入贯彻落实《中共中央　国务院关于加强青少年体育增强青少年体质的意见》（中发〔2007〕7号）和《国家中长期教育改革和发展规划纲要（2010—2020年）》，推动学校体育科学发展，促进学生健康成长，现提出如下意见：

一、充分认识加强学校体育的重要性

（一）广大青少年身心健康、体魄强健、意志坚强、充满活力，是一个民族生命力旺盛的体现，是社会文明进步的标志，是国家综合实力的重要方面。体育锻炼是提高学生健康素质的有效途径，对青少年思想品德、智力发育、审美素养和健康生活方式的形成具有不可替代的作用。加强学校体育，增强学生体质，对于提高学生综合素质，实现教育现代化，建设人力资源强国，培养德智体美全面发展的社会主义建设者和接班人，具有重要战略意义。

（二）党中央、国务院历来高度重视青少年的健康成长，把加强青少年体育锻炼作为提高全民健康素质的基础工程，把加强学校体育作为贯彻党的教育方针、实施素质教育和提高教育质量的重要举措。多年来，各地不断完善和落实各项政策措施，广泛开展阳光体育运动，有力推进学校体育改革发展。但总体上看，学校体育仍是教育工作中的薄弱环节，学校体育未能得到足够重视，评价机制不够完善，体育教师短缺，场地设施缺乏，影响和制约了学生体质健康水平的提升。各地各部门要充分认识加强学校体育的重要性和紧迫性，把提高学生体质健康水平作为落实教育规划纲要和办好人民满意教育的重要任务，摆在更加突出位置，纳入重要议事日程，切实抓紧抓好。

二、明确加强学校体育的总体思路和主要目标

（三）加强学校体育要以科学发展观为指导，全面贯彻党的教育方针，全面实施素质教育，把增强学生体质作为学校教育的基本目标之一，加强政府统筹，加强条件保障，加强监督检查，确保学生体育课程和课余活动时间，切实提高学校体育质量，完善学校、家庭与社会密切结合的学校体育网络，促进体育与德育、智育、美育有机融合，不断提高学生体质健康水平和综合素质。

（四）当前和今后一个时期，要以中小学为重点全面加强学校体育，深入推进学校体育改革发展，力争到“十二五”期末，学校体育场地设施总体达到国家标准，初步配齐体育教师，基本形成学校体育持续健康发展的保障机制；学生体质健康监测制度更加完善，基本建成科学规范的学校体育评价机制；各方责任更加明确，基本形成政府主导、部门协调、社会参与的学校体育推进机制。

三、落实加强学校体育的重点任务

（五）实施好体育课程和课外体育活动

各地要规范办学行为，减轻学生课业负担，切实保证中小学生每天一小时校园体育活动，严禁挤占体育课和学生校园体育活动时间。要因地制宜制订并落实体育与健康课程的实施方案，在地方课程和校本课程中科学安排体育课时。建立健全学生体育竞赛体制，引导

学校合理开展课余体育训练和竞赛活动。积极鼓励创建青少年体育俱乐部，组织开展丰富多彩的学生群众性体育活动。各级各类学校要制订和实施体育课程、大课间（课间操）和课外体育活动一体化的阳光体育运动方案。要创新体育活动内容、方式和载体，增强体育活动的趣味性和吸引力，着力培养学生的体育爱好、运动兴趣和技能特长，大力培养学生的意志品质、合作精神和交往能力，使学生掌握科学锻炼的基础知识、基本技能和有效方法，每个学生学会至少两项终身受益的体育锻炼项目，养成良好体育锻炼习惯和健康生活方式。

（六）加强学校体育教师队伍建设

要加快教师结构调整，制订并落实配齐专职体育教师计划，多渠道配备好中小学和职业学校体育教师。建立健全体育教师培养体系，办好高等学校体育教育专业，逐步扩大免费师范生和贫困地区定向招生专项计划中体育教育专业招生规模，完善农村学校教师特岗计划补充体育教师的机制。鼓励退役优秀运动员按照有关规定从事学校体育工作。加大国培计划培训体育教师的力度，拓宽体育教师培训渠道，到 2015 年各地要对中小学和职业学校体育教师进行一轮培训。要保障体育教师在职务评聘、福利待遇、评优表彰等方面与其他学科教师同等待遇。对体育教师组织学生开展课外体育活动以及组织学生体质健康测试等，要纳入教学工作量。

（七）加快学校体育设施建设

各地要按照《国家学校体育卫生条件试行基本标准》、《中小学校体育设施技术规程》及相关学校建设标准和技术规范要求，加大学校体育设施建设力度，在基层公共体育设施建设中统筹规划学校体育设施，在义务教育经费保障机制和农村义务教育薄弱学校改造计划等项目中加大对体育设施建设和器材配备的支持力度，推动全国学校体育设施和器材逐步达到国家标准。大力推动公共体育场馆和运动设施向青少年学生免费或优惠开放，学校体育场馆设施在课余和节假日应向学生开放。

（八）健全学校体育风险管理体系

研究制订学校安全条例，组织修订《学校体育工作条例》和《学校卫生工作条例》。各地各有关部门要加强对学校体育安全的指导和监督，建立健全政府主导、社会参与的学校体育风险管理机制，形成包括安全教育培训、活动过程管理、保险赔付的学校体育风险管理制度，依法妥善处理学校体育意外伤害事故。各学校要制定和实施体育安全管理工作方案，明确管理责任人，落实安全责任制。加强对体育设施的维护和使用管理，切实保证使用安全。

四、建立健全学校体育的监测评价机制

（九）完善学生体质健康测试和评价制度

教育部会同有关部门修订并全面实施《国家学生体质健康标准》，做好学生健康检查制度、学生体质健康监测制度与国家学生体质健康标准测试制度的配套衔接。各学校每年对所有学生进行体质健康测试，并将测试结果经教育部门审核后上报纳入国家学生体质健康标准数据管理系统；同时，要按学生年级、班级、性别等不同类别在学校内公布学生体质健康测试总体结果，并将有关情况向学生家长通报。各地要加强管理，创造条件，保证学生体质健康测试工作的顺利开展。要把学生体质健康水平作为学生综合素质评价的重要指标，将学生日常参加体育活动情况、体育运动能力以及体质健康状况等作为重要评价内容。因地制宜组织实施好初中毕业升学体育考试。积极探索在高中学业水平考试中增加体育科目的做法，推进高考综合评价体系建设，有效发挥其对增强学生体质的引导作用。

（十）实施学校体育工作评估制度

教育部研究制订以评价学生体质健康水平和基本运动技能为主要内容的学校体育工作评估标准和实施办法。从 2013 年起组织开展中小学体育工作评估，县级教育部门要组织学校按照要求进行自我评估，地市级教育部门要对本地学校体育工作评估结果进行复核检查，省级教育部门要进行抽查和认定，并将经认定的评估结果汇总后报送教育部备案。教育部将组织制订高等学校体育工作基本标准和高等职业学校体育课程教学指导纲要，并适时组织开展高等学校体育工作评估。各级教育部门和学校要深入分析学生体质健康测试结果，动态把握学生体质健康发展变化趋势，有效指导学校体育工作。

（十一）实行学校体育报告公示制度

各地教育部门要逐级上报本行政区域学校体育工作情况，上级教育部门对所报情况进行公示，重点报告和公示学校体育开课率、阳光体育运动情况、学校体育经费投入、教学条件改善、教师队伍建设和学生体质健康状况等。各地教育部门和学校要向社会公布学生阳光体育运动工作方案、基本要求和监督电话。学校要利用公告栏、家长会和校园网等定期通报学生体育活动情况。从 2013 年起，教育部组织编制和发布《全国学校体育工作年度报告》，按生源所在地分省（区、市）公布高等学校新生入学体质健康测试结果。

五、加强对学校体育的组织领导

（十二）加强学校体育工作领导和管理

各地人民政府要认真履行发展学校体育的职责，将学校体育发展纳入本级政府年度工作报告，建立健全教育部门牵头、有关部门分工负责和社会参与的学校体育工作机制。教育部门要完善政策，制定标准，加强监督管理和科学指导，将学校体育纳入义务教育、普通高中、职业教育、高等教育等各类教育规划。发展改革部门要把提高青少年身心健康水平纳入当地经济社会发展规划，支持学校体育发展。财政部门要完善支持学校体育的投入政策。体育部门要把学校体育作为全民健身计划的重点，在技术、人才、场地和体育组织建设等方面加大对学校体育工作的支持。校长是所在学校体育工作的第一责任人，要确保学校体育各项工作任务的具体落实。

（十三）加大学校体育投入力度

要统筹教育经费投入，切实保障学校体育经费。合理保证中小学校公用经费中用于体育的支出，并随公用经费标准提高而逐步增加。利用现有渠道，将学校体育场地设施建设、体育活动经费纳入本级财政预算和基本建设投资计划，并加大投入力度。优先支持农村和民族地区学校体育工作。

（十四）实施学校体育三年行动计划

各地要结合本区域经济社会发展状况，找准学校体育的突出问题、重点领域和薄弱环节，特别是要在确保学生锻炼时间、提高学生体质健康水平、落实政府工作责任、完善学校体育政策体系、实施学校体育评价制度、改善学校体育办学条件等方面确定发展目标，逐年分解落实任务，以县为单位编制加强学校体育三年行动计划。2013 年 3 月底前，各省（区、市）行动计划报国家教育体制改革领导小组办公室备案。

（十五）强化学校体育工作督导检查

国务院教育督导机构组织修订《中小学体育工作督导评估办法（试行）》。各级教育督导机构要研究制定和实施学校体育工作督导检查办法，坚持督政与督学相结合，健全目标考核机制，建立学校体育工作专项督导制度，定期联合有关部门开展学校体育工作专项督导，并将督导评估结果及时向社会公告。

（十六）健全学校体育工作奖惩机制

各地要把学校体育和学生体质健康水平纳入工作考核指标体系，作为教育等有关部门和学校领导干部业绩考核的重要内容，加强学校体育工作绩效评估和行政问责。对学校体育工作成绩突出的地方、部门、学校和个人进行表彰奖励。对学生体质健康水平持续三年下降的地区和学校，在教育工作评估和评优评先中实行“一票否决”。

（十七）营造学校体育发展良好环境

各地各有关部门要认真宣传学校体育工作的政策要求、典型经验和有效做法，采取多种方式加强校园体育文化建设，加大对群众性学生体育活动的宣传报道，广泛传播健康理念，引导广大青少年、各级各类学校和全社会树立科学的教育观、人才观和健康观，形成珍视健康、热爱体育、崇尚运动、积极向上的良好氛围。

教育部等6部门关于加快发展青少年校园足球的实施意见

教体艺〔2015〕6号

各省、自治区、直辖市教育厅（教委）、发展改革委、财政厅（局）、新闻出版广电局、体育局、团委：

加快发展青少年校园足球是贯彻党的教育方针、促进青少年身心健康的重要举措，是夯实足球人才根基、提高足球发展水平和成就中国足球梦想的基础工程。近年来，校园足球事业取得了积极进展，体制机制不断完善，发展模式不断创新，校园足球定点学校达到5000多所，举办各种比赛10万多次，青少年足球人口不断扩大。但总体上看，校园足球发展还比较缓慢，发展不平衡，存在普及面不广、竞赛体系不健全、保障能力不足等问题。为进一步落实深化教育领域综合改革总体要求和《中国足球改革发展总体方案》，现就加快发展青少年校园足球提出以下意见：

一、总体要求

（一）指导思想

把发展青少年校园足球作为落实立德树人根本任务、培育和践行社会主义核心价值观的重要举措，作为推进素质教育、引领学校体育改革创新的重要突破口，充分发挥足球育人功能，遵循人才培养和足球发展规律，理顺管理体制，完善激励机制，优化发展环境，大力普及足球运动，培育健康足球文化，弘扬阳光向上的体育精神，促进青少年身心健康、体魄强健、全面发展，为提升人口素质、推动足球事业发展、振奋民族精神提供有力支撑。

（二）基本原则

坚持改革创新。深化体制机制改革，加强顶层设计，强化政策、标准和项目引导，在重点领域和关键环节取得突破，增强青少年校园足球发展活力。

坚持问题导向。树立科学发展理念，破解发展难题，转变发展方式，加强基础条件和基础工程建设，持久用力、久久为功，促进青少年校园足球健康发展。

坚持统筹协调。以政府为主导，学校为主体，鼓励社会参与，整合多种资源，完善支持政策，形成青少年校园足球发展合力。

坚持因地制宜。立足当前实际，着眼长远发展，充分利用现有基础，不断创造良好条件，鼓励探索多样化的青少年校园足球发展模式。

（三）工作目标

到2020年，基本建成符合人才成长规律、青少年广泛参与、运动水平持续提升、体制机制充满活力、基础条件保障有力、文化氛围蓬勃向上的中国特色青少年校园足球发展体系。

普及程度大幅提升。学校普遍开展足球运动，学生广泛参与足球活动，校园足球人口显著增加，学生身体素质、技术能力和意志品质明显提高，形成有利于大批品学兼优的青少年足球人才脱颖而出的培养体系。支持建设2万所左右青少年校园足球特色学校，2025年达到5万所。重点建设200个左右高等学校高水平足球运动队。

教学改革更加深入。形成内容丰富、形式多样、因材施教的青少年校园足球教学体系，课程设置、教学标准、教材教法和教学资源等教学要素更加衔接配套，校园足球教学质量明显提升。

竞赛体系更加完善。形成赛事丰富、赛制稳定和赛纪严明的青少年校园足球竞赛体系，球队建设、课余训练、赛事运行等更加规范高效，校园足球运动水平稳步提高。

条件保障更加有力。师资配备补充、培养培训、评价机制和激励措施等更加多样有效，完成5万名青少年校园足球专兼职教师的一轮培训；鼓励学生习练足球的综合评价体系更加健全；场地设施和运动安全管理更加完善，财政资金和社会资本多元投入，形成青少年校园足球持续发展保障体系。

二、重点任务

（一）提高校园足球普及水平

加强统筹推进普及。统筹城乡区域布局，统筹各级各类学校，统筹各类社会资源，鼓励有基础的地方和学校探索实践，加大对农村学校帮扶力度，着力扩大校园足球覆盖面。鼓励支持各年龄段学生广泛参与，积极开展青少年女子足球运动，让更多青少年体验足球生活、热爱足球运动、享受足球快乐。以普及校园足球示范带动校园田径、篮球、排球等其他体育运动项目发展。

扶持特色引领普及。遴选一批全国青少年校园足球特色学校，重点建设一批普通高等学校高水平足球运动队，支持其加强建设、深化改革、提高水平和办出特色，发挥其在发展青少年校园足球中的骨干、示范和带动作用。鼓励有条件的地方创建全国青少年校园足球试点县和足球综合改革试验区，先行先试，积累经验，整体推进青少年校园足球发展。

培育文化巩固普及。把开展竞赛、游戏等形式多样的足球活动作为校园文化建设的重要内容，让足球运动融入学生生活、扎根校园。大力发展学生足球社团。鼓励学校充分利用互联网和新媒体搭建信息平台，报道足球活动、交流工作经验、展示特色成果，营造有利于青少年校园足球发展的良好文化氛围。

（二）深化足球教学改革

各级各类学校要把足球列入体育课教学内容，积极推进足球教学模式的多样化。鼓励有条件的学校开展以足球为特色的“一校一品”体育教学改革。足球特色学校可适当加大学时比重，每周至少安排一节足球课，不断提高教学质量。要科学统筹足球教学与其他学科教学，在课时分配、教师配备、教学管理、绩效评价等方面为足球教学改革创造良好条件。发布青少年校园足球教学指南、学生足球运动技能等级标准，规范指导校园足球教学。建设全国青少年校园足球教学资源库，鼓励各地各校因地制宜采取多种方式开发共享高质量的足球教学资源，逐步实现优质足球教学资源全覆盖。依托有条件的单位建立校园足球运动研究基地，加强理论与与实践研究，提升校园足球运动发展的科学化水平。

（三）加强足球课外锻炼训练

要把足球运动作为学校大课间和课外活动内容，鼓励引导广大学生“走下网络、走出宿舍、走向操场”，积极参加校外足球运动。有条件的学校要建立班级、年级和校级足球队。鼓励组建女子足球队。妥善处理好学生足球训练和文化学习之间的关系。教育部门会同体育等部门指导学校制定科学的校园足球训练计划，合理组织校园足球课余训练，为喜欢足球和有足球潜能的学生提供学习和训练机会。

（四）完善校园足球竞赛体系

开展丰富多样的赛事。各地各校要广泛开展多样化的足球竞赛活动，形成“校校参与、层层选拔、全国联赛”的足球竞赛格局。要组织小学低年级学生参加趣味性足球活动。从小学 3 年级以上到初、高中学校，要组织班级、年级联赛，开展校际邀请赛、对抗赛等竞赛交流活动。高等学校组织开展院系学生足球联赛和校际交流活动等。鼓励学校参加社会组织举办的足球赛事和公益活动，加强与国际组织和专业机构的交流合作，组织或参与国际青少年足球赛事活动。

形成稳定规范的赛制。规范竞赛管理，构建包括校内竞赛、校际联赛、区域选拔在内的青少年校园足球竞赛体系。建成纵向贯通、横向衔接和规范有序的高校、高中、初中、小学四级青少年校园足球联赛机制。实行赛事分级管理，建立县级、地市级、省级和国家级青少年校园足球竞赛制度。小学阶段联赛范围原则上不超出地市，初中阶段联赛范围原则上不超出省（区、市）。高校足球竞赛成绩要纳入高校体育工作考核评价体系。从2015年起，各地教育部门要按照全国青少年校园足球竞赛方案，依托行业组织、专业机构或社团等分级组织实施本地竞赛活动。注重校园足球赛事与职业联赛、区域等级赛事、青少年等级赛事的有机衔接。

维护公正严明的赛纪。完善竞赛监督制度，使足球成为青少年学生体验、适应社会规则和道德规范的有效途径。提倡公平竞赛，安全竞赛，文明竞赛，完善裁判员公正执法、教练员和运动员严守赛风赛纪的约束机制。规范青少年观赛行为，引导他们遵纪守法、文明观赛，形成良好的青少年校园足球竞赛风气。

(五）畅通优秀足球苗子的成长通道

各地要注重发现、选拔和重点培养学生足球运动苗子，认真组建本地学生足球代表队，开展多种形式的集训、比赛和交流活动。有条件地方的体育、教育部门联合创建青少年足球训练中心，为提高学生足球运动水平提供综合服务。组织全国性校园足球夏（冬）令营，聘请国内外高水平教练集中培训各地选送的优秀学生足球运动员。建立教育、体育和社会相互衔接的人才输送渠道，拓宽校园足球学生运动员进入国家足球后备人才梯队、有关足球职业俱乐部和选派到国外著名足球职业俱乐部的通道。依托全国学生学籍管理系统，建立全国青少年校园足球工作管理信息系统，动态监测学生学习、升学和流动情况，并提供相应支持服务。研究制定学生足球运动员注册管理办法。

三、保障措施

(一）加强师资队伍建设

多渠道配备师资。各地要采取多种方式，配足补齐校园足球教师。制订校园足球兼职教师管理办法，鼓励专业能力强、思想作风好的足球教练员、裁判员，有足球特长的其他学科教师和志愿人员担任兼职足球教师。完善政策措施，创新用人机制，为退役运动员转岗为足球教师或兼职足球教学创造条件。建立教师长期从事足球教学的激励机制。

多方式培养培训师资。加强体育教育专业建设，鼓励学生主修、辅修足球专项，培养更多的合格足球教师。制定校园足球教师培训计划，开发相关培训资源，组织开展足球教师教学竞赛、经验交流和教研活动，着力提升足球教师教学实践能力和综合职业素养。2015 年起，组织开展国家级青少年校园足球骨干师资专项培训。各地要结合实际开展多种方式的教师培训。联合行业组织，聘请国内外高水平足球专家培训校园足球教师、教练员、裁判员。选派部分优秀青少年校园足球工作管理人员、教师、教练员、裁判员到国外参加专业培训和交流活动。

（二）改善场地设施条件

加快场地设施改造建设。各地要把校园足球活动的场地建设纳入本行政区域足球场地建设规划，纳入城镇化和新农村建设总体规划，按照因地制宜、逐步改善的原则，加大场地设施建设力度，创造条件满足校园足球活动要求。鼓励建设小型多样化足球场地设施。在现有青少年培养、实践基地建设中，规划和建设好足球场地设施。

推动场地设施共建共享。各地要统筹体育场地设施资源的投入、建设、管理和使用，鼓励各地依托学区建立青少年足球活动中心，同步推进学校足球场地向社会开放和社会体育场地设施向学校开放，形成教育与体育、学校与社会、学区与社区共建共享场地设施的有效机制。

（三）健全学生参与足球激励机制

把足球学习情况纳入学生档案，作为学生综合素质评价的参考。加强足球特长生文化课教学管理，完善考试招生政策，激励学生长期积极参加足球学习和训练。允许足球特长生在升学录取时合理流动，获得良好的特长发展环境。研究完善高校高水平足球队管理办法和招生政策，增加高校高水平足球运动队数量，适度扩大招生规模。拓展青少年出国交流机会，经过选拔推荐可以参加国际校园足球赛事和交流活动。

（四）加大经费支持力度

各地应当加大对青少年校园足球的投入，统筹相关经费渠道对校园足球改革发展给予倾斜。探索建立政府支持、市场参与、多方筹措支持校园足球发展的经费投入机制。各地要优化教育投入结构，积极创造条件，因地制宜逐步提高校园足球特色学校经费保障水平，支持学校开展足球教学、训练和比赛。

（五）完善安全保险制度

各地要加强校园足球运动伤害风险管理，制定安全防范规章制度，加强运动安全教育、检查和管理，增强学生的运动安全和自我保护意识。完善保险机制，推进政府购买服务，提升校园足球安全保障水平，解除学生、家长和学校的后顾之忧。

（六）鼓励社会力量参与

各地要加大规划、政策、标准引导力度，多渠道调动社会力量支持校园足球发展的积极性。充分发挥职业足球俱乐部、足球学校、体育运动学校在人才培养方面的积极作用，鼓励有条件的体育俱乐部、企业及其他社会组织联合开展有利于校园足球发展的公益活动。完善相关政策，引导社会资本进入校园足球领域。在中国教育发展基金会设立青少年校园足球发展基金，多渠道吸收社会资金。创新校园足球利用外资方式，有效利用境外直接投资、国际组织、外国政府以及其他组织的支持。

四、组织领导

（一）充分发挥全国青少年校园足球工作领导小组作用

教育部门应履行好青少年校园足球主管责任，负责校园足球的统筹规划、宏观指导和综合管理。体育部门发挥人才和资源优势，加强技术指导、行业支持和相关服务。发展改革部门负责统筹场地设施规划与实施。财政部门负责制定推动校园足球工作的相关支持政策。宣传部门加大宣传支持力度，统筹营造社会舆论氛围。共青团系统负责组织或者参与开展校园足球文化活动。教育督导部门要将校园足球纳入教育督导指标体系，制定校园足球专项督导办法，定期开展专项督导。领导小组办公室要配齐配强工作人员，做好日常管理工作，执行领导小组决策、协调成员单位积极推动各项任务落实。成立全国青少年校园足球专家委员会，加强对校园足球的指导。

（二）把发展青少年校园足球纳入重要工作日程

各地要高度重视青少年校园足球工作，加强领导，精心组织，参照全国青少年校园足球工作领导小组组织模式，建立相应工作机制，制定本地区青少年校园足球发展规划，实施青少年校园足球发展项目，明确支持政策，增强管理能力，提升服务水平。鼓励各地成立青少年校园足球协会，承担本地校园足球的具体工作。加强青少年校园足球工作质量监测，定期发布全国和各地区青少年校园足球发展水平报告。

（三）优化发展青少年校园足球舆论环境

大力宣传发展青少年校园足球发展理念、育人功能，校园足球文化和先进经验做法，及时报道和播出学生足球赛事，鼓励影视行业和企业拍摄有关校园足球题材影视作品，在广大青少年中掀起爱足球、看足球、踢足球的热潮，在全社会营造关心、支持校园足球发展的良好氛围。

教育部　国家发展改革委　财政部

新闻出版广电总局　体育总局　共青团中央

2015 年 7 月 22 日

国务院办公厅关于强化学校体育促进学生身心健康全面发展的意见

国办发〔2016〕27号

各省、自治区、直辖市人民政府，国务院各部委、各直属机构：

强化学校体育是实施素质教育、促进学生全面发展的重要途径，对于促进教育现代化、建设健康中国和人力资源强国，实现中华民族伟大复兴的中国梦具有重要意义。党中央、国务院高度重视学校体育，党的十八届三中全会作出了强化体育课和课外锻炼的重要部署，国务院对加强学校体育提出明确要求。近年来，各地、各部门不断出台政策措施，加快推进学校体育，大力开展阳光体育运动，学校体育工作取得积极进展。但总体上看，学校体育仍是整个教育事业相对薄弱的环节，对学校体育重要性认识不足、体育课和课外活动时间不能保证、体育教师短缺、场地设施缺乏等问题依然突出，学校体育评价机制亟待建立，社会力量支持学校体育不够，学生体质健康水平仍是学生素质的明显短板。为进一步推动学校体育改革发展，促进学生身心健康、体魄强健，经国务院同意，现提出如下意见：

一、总体要求

（一）指导思想

全面贯彻落实党的十八大、十八届三中、四中、五中全会和习近平总书记系列重要讲话精神，全面贯彻党的教育方针，按照《国家中长期教育改革和发展规划纲要（2010—2020年）》的要求，以“天天锻炼、健康成长、终身受益”为目标，改革创新体制机制，全面提升体育教育质量，健全学生人格品质，切实发挥体育在培育和践行社会主义核心价值观、推进素质教育中的综合作用，培养德智体美全面发展的社会主义建设者和接班人。

（二）基本原则

坚持课堂教学与课外活动相衔接。保证课程时间，提升课堂教学效果，强化课外练习和科学锻炼指导，调动家庭、社区和社会组织的积极性，确保学生每天锻炼一小时。

坚持培养兴趣与提高技能相促进。遵循教育和体育规律，以兴趣为引导，注重因材施教和快乐参与，重视运动技能培养，逐步提高运动水平，为学生养成终身体育锻炼习惯奠定基础。

坚持群体活动与运动竞赛相协调。面向全体学生，广泛开展普及性体育活动，有序开展课余训练和运动竞赛，积极培养体育后备人才，大力营造校园体育文化，全面提高学生体育素养。

坚持全面推进与分类指导相结合。强化政府责任，统一基本标准，因地因校制宜，积极稳妥推进，鼓励依据民族特色和地方传统，大胆探索创新，不断提高学校体育工作水平。

（三）工作目标

到2020年，学校体育办学条件总体达到国家标准，体育课时和锻炼时间切实保证，教学、训练与竞赛体系基本完备，体育教学质量明显提高；学生体育锻炼习惯基本养成，运动技能和体质健康水平明显提升，规则意识、合作精神和意志品质显著增强；政府主导、部门协作、社会参与的学校体育推进机制进一步完善，基本形成体系健全、制度完善、充满活力、注重实效的中国特色学校体育发展格局。

二、深化教学改革，强化体育课和课外锻炼

（四）完善体育课程

以培养学生兴趣、养成锻炼习惯、掌握运动技能、增强学生体质为主线，完善国家体育与健康课程标准，建立大中小学体育课程衔接体系。各地中小学校要按照国家课程方案和课程标准开足开好体育课程，严禁削减、挤占体育课时间。有条件的地方可为中小学增加体育课时。高等学校要为学生开好体育必修课或选修课。科学安排课程内容，在学生掌握基本运动技能的基础上，根据学校自身情况，开展运动项目教学，提高学生专项运动能力。大力推动足球、篮球、排球等集体项目，积极推进田径、游泳、体操等基础项目及冰雪运动等特色项目，广泛开展乒乓球、羽毛球、武术等优势项目。进一步挖掘整理民族民间体育，充实和丰富体育课程内容。

（五）提高教学水平

体育教学要加强健康知识教育，注重运动技能学习，科学安排运动负荷，重视实践练习。研究制定运动项目教学指南，让学生熟练掌握一至两项运动技能，逐步形成“一校一品”、“一校多品”教学模式，努力提高体育教学质量。关注学生体育能力和体质水平差异，做到区别对待、因材施教。研究推广适合不同类型残疾学生的体育教学资源，提高特殊教育学校和对残疾学生的体育教学质量，保证每个学生接受体育教育的权利。支持高等学校牵头组建运动项目全国教学联盟，为中小学开展教改试点提供专业支撑，促进中小学提升体育教学水平。充分利用现代信息技术手段，开发和创新体育教学资源，不断增强教学吸引力。鼓励有条件的单位设立全国学校体育研究基地，开展理论和实践研究，提高学校体育科学化水平。

（六）强化课外锻炼

健全学生体育锻炼制度，学校要将学生在校内开展的课外体育活动纳入教学计划，列入作息时间安排，与体育课教学内容相衔接，切实保证学生每天一小时校园体育活动落到实处。幼儿园要遵循幼儿年龄特点和身心发展规律，开展丰富多彩的体育活动。中小学校要组织学生开展大课间体育活动，寄宿制学校要坚持每天出早操。高等学校要通过多种形式组织学生积极参加课外体育锻炼。职业学校在学生顶岗实习期间，要注意安排学生的体育锻炼时间。鼓励学生积极参加校外全民健身运动，中小学校要合理安排家庭“体育作业”，家长要支持学生参加社会体育活动，社区要为学生体育活动创造便利条件，逐步形成家庭、学校、社区联动，共同指导学生体育锻炼的机制。组织开展全国学校体育工作示范校创建活动，各地定期开展阳光体育系列活动和“走下网络、走出宿舍、走向操场”主题群众性课外体育锻炼活动，坚持每年开展学生冬季长跑等群体性活动，形成覆盖校内外的学生课外体育锻炼体系。

三、注重教体结合，完善训练和竞赛体系

（七）开展课余训练

学校应通过组建运动队、代表队、俱乐部和兴趣小组等形式，积极开展课余体育训练，为有体育特长的学生提供成才路径，为国家培养竞技体育后备人才奠定基础。要根据学生年龄特点和运动训练规律，科学安排训练计划，妥善处理好文化课学习和训练的关系，全面提高学生身体素质，打好专项运动能力基础，不断提高课余运动训练水平。办好体育传统项目学校，充分发挥其引领示范作用。

（八）完善竞赛体系

建设常态化的校园体育竞赛机制，广泛开展班级、年级体育比赛，学校每年至少举办一次综合性运动会或体育节，通过丰富多彩的校园体育竞赛，吸引广大学生积极参加体育锻炼。制定学校体育课余训练与竞赛管理办法，完善和规范学生体育竞赛体制，构建县、市、省、国家四级竞赛体系。各地要在整合赛事资源的基础上，系统设计并构建相互衔接的学生体育竞赛体系，积极组织开展区域内竞赛活动，定期举办综合性学生运动会。推动开展跨区域学校体育竞赛活动，全国学生运动会每三年举办一届。通过完善竞赛选拔机制，畅通学生运动员进入各级专业运动队、代表队的渠道。

四、增强基础能力，提升学校体育保障水平

（九）加强体育教师队伍建设

加强师德建设，增强广大体育教师特别是乡村体育教师的职业荣誉感，坚定长期致力于体育教育事业的理想与信心。各地要利用现有政策和渠道，按标准配齐体育教师和体育教研人员。办好高等学校体育教育专业，培养合格体育教师。鼓励优秀教练员、退役运动员、社会体育指导员、有体育特长的志愿人员兼任体育教师。实施体育教师全员培训，着力培养一大批体育骨干教师和体育名师等领军人才，中小学教师国家级培训计划（国培计划）重点加强中西部乡村教师培训，提升特殊教育体育教师水平。科学合理确定体育教师工作量，把组织开展课外活动、学生体质健康测试、课余训练、比赛等纳入教学工作量。保障体育教师在职称（职务）评聘、福利待遇、评优表彰、晋级晋升等方面与其他学科教师同等待遇。高等学校要完善符合体育学科特点的体育教师工作考核和职称（职务）评聘办法。

（十）推进体育设施建设

各地要按照学校建设标准、设计规范，充分利用多种资金渠道，加大对学校体育设施建设的支持力度。把学校体育设施列为义务教育学校标准化建设的重要内容，以保基本、兜底线为原则，建设好学校体育场地设施、配好体育器材，为体育教师配备必要的教学装备。进一步完善制度，积极推动公共体育场馆设施为学校体育提供服务，向学生免费或优惠开放，推动有条件的学校体育场馆设施在课后和节假日对本校师生和公众有序开放，充分利用青少年活动中心、少年宫、户外营地等资源开展体育活动。

（十一）完善经费投入机制

各级政府要切实加大学校体育经费投入力度，地方各级人民政府在安排财政转移支付资金和本级财力时要对学校体育给予倾斜。各级教育部门要根据需求将学校体育工作经费纳入年度预算，学校要保障体育工作的经费需求。鼓励和引导社会资金支持发展学校体育，多渠道增加学校体育投入。

（十二）健全风险管理机制

健全学校体育运动伤害风险防范机制，保障学校体育工作健康有序开展。对学生进行安全教育，培养学生安全意识和自我保护能力，提高学生的伤害应急处置和救护能力。加强校长、教师及有关管理人员培训，提高学校体育从业人员运动风险管理意识和能力。学校应当根据体育器材设施及场地的安全风险进行分类管理，定期开展检查，有安全风险的应当设立明显警示标志和安全提示。完善校方责任险，探索建立涵盖体育意外伤害的学生综合保险机制。鼓励各地政府试点推行学生体育安全事故第三方调解办法。

（十三）整合各方资源支持学校体育

完善政策措施，采取政府购买体育服务等方式，逐步建立社会力量支持学校体育发展的长效机制，引导技术、人才等资源服务学校体育教学、训练和竞赛等活动。鼓励专业运动队、职业体育俱乐部定期组织教练员、运动员深入学校指导开展有关体育活动。支持学校与科研院所、社会团体、企业等开展广泛合作，提升学校体育工作水平。加深同港澳台青少年体育活动的合作。加强学校体育国际交流。

五、加强评价监测，促进学校体育健康发展

（十四）完善考试评价办法

构建课内外相结合、各学段相衔接的学校体育考核评价体系，完善和规范体育运动项目考核和学业水平考试，发挥体育考试的导向作用。体育课程考核要突出过程管理，从学生出勤、课堂表现、健康知识、运动技能、体质健康、课外锻炼、参与活动情况等方面进行全面评价。中小学要把学生参加体育活动情况、学生体质健康状况和运动技能等级纳入初中、高中学业水平考试，纳入学生综合素质评价体系。各地要根据实际，科学确定初中毕业升学体育考试分值或等第要求。实施高考综合改革试点的省（区、市），在高校招生录取时，把学生体育情况作为综合素质评价的重要内容。学校体育测试要充分考虑残疾学生的特殊情况，体现人文关怀。修订体育教育本科专业学生普通高考体育测试办法，提高体育技能考核要求。制定普通高校高水平运动队建设实施意见，规范高水平运动员招生。

（十五）加强体育教学质量监测

明确体育课程学业质量要求，制定学生运动项目技能等级评定标准和高等学校体育学类专业教学质量国家标准，促进学校体育教学质量稳步提升。建立中小学体育课程实施情况监测制度，定期开展体育课程国家基础教育质量监测。建立健全学生体质健康档案，严格执行《国家学生体质健康标准》，将其实施情况作为构建学校体育评价机制的重要基础，确保测试数据真实性、完整性和有效性。鼓励各地运用现代化手段对体育课质量进行监测、监控或对开展情况进行公示。

六、组织实施

（十六）加强组织领导

各地要把学校体育工作纳入经济社会发展规划，加强统筹协调，落实管理责任，并结合当地实际，研究制定加强学校体育工作的具体实施方案，切实抓紧抓好。进一步加强青少年体育工作部际联席会议制度，强化国务院有关部门在加强青少年体育工作中的责任，按照职责分工，落实好深化学校体育改革的各项任务。

（十七）强化考核激励

各地要把学校体育工作列入政府政绩考核指标、教育行政部门与学校负责人业绩考核评价指标。对成绩突出的单位、部门、学校和个人进行表彰。加强学校体育督导检查，建立科学的专项督查、抽查、公告制度和行政问责机制。对学生体质健康水平持续三年下降的地区和学校，在教育工作评估中实行“一票否决”。教育部要会同有关部门定期开展学校体育专项检查，建立约谈有关主管负责人的机制。

（十八）营造良好环境

通过多种途径，充分利用报刊、广播、电视及网络等手段，加强学校体育工作新闻宣传力度，总结交流典型经验和有效做法，传播科学的教育观、人才观和健康观，营造全社会关心、重视和支持学校体育的良好氛围。

国务院办公厅

2016 年 4 月 21 日

学校卫生工作条例

（1990年4月25日国务院批准，1990年6月4日国家教育委员会令第10号、卫生部令第1号发布）

第一章　总　则

第一条　为加强学校卫生工作，提高学生的健康水平，制定本条例。

第二条　学校卫生工作的主要任务是：监测学生健康状况；对学生进行健康教育，培养学生良好的卫生习惯；改善学校卫生环境和教学卫生条件；加强对传染病、学生常见病的预防和治疗。

第三条　本条例所称的学校，是指普通中小学、农业中学、职业中学、中等专业学校、技工学校、普通高等学校。

第四条　教育行政部门负责学校卫生工作的行政管理。卫生行政部门负责对学校卫生工作的监督指导。

第二章　学校卫生工作要求

第五条　学校应当合理安排学生的学习时间。学生每日学习时间（包括自习），小学不超过六小时，中学不超过八小时，大学不超过十小时。

学校或者教师不得以任何理由和方式，增加授课时间和作业量，加重学生学习负担。

第六条 学校教学建筑、环境噪声、室内微小气候、采光、照明等环境质量以及黑板、课桌椅的设置应当符合国家有关标准。

新建、改建、扩建校舍，其选址、设计应当符合国家的卫生标准，并取得当地卫生行政部门的许可。竣工验收应当有当地卫生行政部门参加。

第七条 学校应当按照有关规定为学生设置厕所和洗手设施。寄宿制学校应当为学生提供相应的洗漱、洗澡等卫生设施。

学校应当为学生提供充足的符合卫生标准的饮用水。

第八条 学校应当建立卫生制度，加强对学生个人卫生、环境卫生以及教室、宿舍卫生的管理。

第九条 学校应当认真贯彻执行食品卫生法律、法规，加强饮食卫生管理，办好学生膳食，加强营养指导。

第十条 学校体育场地和器材应当符合卫生和安全要求。运动项目和运动强度应当适合学生的生理承受能力和体质健康状况，防止发生伤害事故。

第十一条 学校应当根据学生的年龄，组织学生参加适当的劳动，并对参加劳动的学生，进行安全教育，提供必要的安全和卫生防护措施。

普通中小学校组织学生参加劳动，不得让学生接触有毒有害物质或者从事不安全工种的作业，不得让学生参加夜班劳动。

普通高等学校、中等专业学校、技工学校、农业中学、职业中学组织学生参加生产劳动，接触有毒有害物质的，按照国家有关规定，提供保健待遇。学校应当定期对他们进行体格检查，加强卫生防护。

第十二条 学校在安排体育课以及劳动等体力活动时，应当注意女学生的生理特点，给予必要的照顾。

第十三条 学校应当把健康教育纳入教学计划。普通中小学必须开设健康教育课，普通高等学校、中等专业学校、技工学校、农业中学、职业中学应当开设健康教育选修课或者讲座。

学校应当开展学生健康咨询活动。

第十四条 学校应当建立学生健康管理制度。根据条件定期对学生进行体格检查，建立学生体质健康卡片，纳入学生档案。

学校对体格检查中发现学生有器质性疾病的，应当配合学生家长做好转诊治疗。

学校对残疾、体弱学生，应当加强医学照顾和心理卫生工作。

第十五条 学校应当配备可以处理一般伤病事故的医疗用品。

第十六条 学校应当积极做好近视眼、弱视、沙眼、龋齿、寄生虫、营养不良、贫血、脊柱弯曲、神经衰弱等学生常见疾病的群体预防和矫治工作。

第十七条 学校应当认真贯彻执行传染病防治法律、法规，做好急、慢性传染病的预防和控制管理工作，同时做好地方病的预防和控制管理工作。

第三章　学校卫生工作管理

第十八条 各级教育行政部门应当把学校卫生工作纳入学校工作计划，作为考评学校工作的一项内容。

第十九条 普通高等学校、中等专业学校、技工学校和规模较大的农业中学、职业中学、普通中小学，可以设立卫生管理机构，管理学校的卫生工作。

第二十条 普通高等学校设校医院或者卫生科。校医院应当设保健科（室），负责师生的卫生保健工作。

城市普通中小学、农村中心小学和普通中学设卫生室，按学生人数六百比一的比例配备专职卫生技术人员。

中等专业学校、技工学校、农业中学、职业中学，可以根据需要，配备专职卫生技术人员。

学生人数不足六百人的学校，可以配备专职或者兼职保健教师，开展学校卫生工作。

第二十一条 经本地区卫生行政部门批准，可以成立区域性中小学卫生保健机构。

区域性的中小学生卫生保健机构的主要任务是：

（一）调查研究本地区中小学生体质健康状况；

（二）开展中小学生常见疾病的预防与矫治；

（三）开展中小学卫生技术人员的技术培训和业务指导。

第二十二条 学校卫生技术人员的专业技术职称考核、评定，按照卫生、教育行政部门制定的考核标准和办法，由教育行政部门组织实施。

学校卫生技术人员按照国家有关规定，享受卫生保健津贴。

第二十三条 教育行政部门应当将培养学校卫生技术人员的工作列入招生计划，并通过各种教育形式为学校卫生技术人员和保健教师提供进修机会。

第二十四条 各级教育行政部门和学校应当将学校卫生经费纳入核定的年度教育经费预算。

第二十五条 各级卫生行政部门应当组织医疗单位和专业防治机构对学生进行健康检查、传染病防治和常见病矫治，接受转诊治疗。

第二十六条 各级卫生防疫站，对学校卫生工作承担下列任务：

（一）实施学校卫生监测，掌握本地区学生生长发育和健康状况，掌握学生常见病、传染病、地方病动态；

（二）制定学生常见病、传染病、地方病的防治计划；

（三）对本地区学校卫生工作进行技术指导；

（四）开展学校卫生服务。

第二十七条 供学生使用的文具、娱乐器具、保健用品，必须符合国家有关卫生标准。

第四章 学校卫生工作监督

第二十八条 县以上卫生行政部门对学校卫生工作行使监督职权。其职责是：

（一）对新建、改建、扩建校舍的选址、设计实行卫生监督；

（二）对学校内影响学生健康的学习、生活、劳动、环境、食品等方面的卫生和传染病防治工作实行卫生监督；

（三）对学生使用的文具、娱乐器具、保健用品实行卫生监督。

国务院卫生行政部门可以委托国务院其他有关部门的卫生主管机构，在本系统内对前款所列第（一）、（二）项职责行使学校卫生监督职权。

第二十九条 行使学校卫生监督职权的机构设立学校卫生监督员，由省级以上卫生行政部门聘任并发给学校卫生监督员证书。

学校卫生监督员执行卫生行政部门或者其他有关部门卫生主管机构交付的学校卫生监督任务。

第三十条 学校卫生监督员在执行任务时应出示证件。

学校卫生监督员在进行卫生监督时，有权查阅与卫生监督有关的资料，搜集与卫生监督有关的情况，被监督的单位或者个人应当给予配合。学校卫生监督员对所掌握的资料、情况负有保密责任。

第五章 奖励与处罚

第三十一条 对在学校卫生工作中成绩显著的单位或者个人，

各级教育、卫生行政部门和学校应当给予表彰、奖励。

第三十二条 违反本条例第六条第二款规定，未经卫生行政部门许可新建、改建、扩建校舍的，由卫生行政部门对直接责任单位或者个人给予警告、责令停止施工或者限期改建。

第三十三条 违反本条例第六条第一款、第七条和第十条规定的，由卫生行政部门对直接责任单位或者个人给予警告并责令限期改进。情节严重的，可以同时建议教育行政部门给予行政处分。

第三十四条 违反本条例第十一条规定，致使学生健康受到损害的，由卫生行政部门对直接责任单位或者个人给予警告，责令限期改进。

第三十五条 违反本条例第二十七条规定的，由卫生行政部门对直接责任单位或者个人给予警告。情节严重的，可以会同工商行政部门没收其不符合国家有关卫生标准的物品，并处以非法所得两倍以下的罚款。

第三十六条 拒绝或者妨碍学校卫生监督员依照本条例实施卫生监督的，由卫生行政部门对直接责任单位或者个人给予警告。情节严重的，可以建议教育行政部门给予行政处分或者处以二百元以下的罚款。

第三十七条 当事人对没收、罚款的行政处罚不服的，可以在接到处罚决定书之日起十五日内，向作出处罚决定机关的上一级机关申请复议，也可以直接向人民法院起诉。对复议决定不服的，可以在接到复议决定之日起十五日内，向人民法院起诉。对罚款决定不履行又逾期不起诉的，由作出处罚决定的机关申请人民法院强制执行。

第六章　附　则

第三十八条 学校卫生监督办法、学校卫生标准由卫生部会同国家教育委员会制定。

第三十九条 贫困县不能全部适用本条例第六条第一款和第七条规定的，可以由所在省、自治区的教育、卫生行政部门制定变通的规定。变通的规定，应当报送国家教育委员会、卫生部备案。

第四十条 本条例由国家教育委员会、卫生部负责解释。

第四十一条 本条例自发布之日起施行。原教育部、卫生部一九七九年十二月六日颁布的《中、小学卫生工作暂行规定（草案）》和一九八零年八月二十六日颁布的《高等学校卫生工作暂行规定（草案）》同时废止。

附　录

学校食堂与学生集体用餐卫生管理规定

中华人民共和国教育部

中华人民共和国卫生部令

第 14 号

现公布《学校食堂与学生集体用餐卫生管理规定》，自 2002 年 11 月 1 日起施行。

教育部部长

卫生部部长

二○○二年九月二十日

第一章　总　则

第一条　为防止学校食物中毒或者其他食源性疾患事故的发生，保障师生员工身体健康，根据《食品卫生法》和《学校卫生工作条例》，制定本规定。

第二条　本规定适用于各级各类全日制学校以及幼儿园。

第三条　学校食堂与学生集体用餐的卫生管理必须坚持预防为主的工作方针，实行卫生行政部门监督指导、教育行政部门管理督查、学校具体实施的工作原则。

第二章　食堂建筑、设备与环境卫生要求

第四条　食堂应当保持内外环境整洁，采取有效措施，消除老鼠、蟑螂、苍蝇和其他有害昆虫及其孳生条件。

第五条　食堂的设施设备布局应当合理，应有相对独立的食品原料存放间、食品加工操作间、食品出售场所及用餐场所。

第六条　食堂加工操作间应当符合下列要求：

（一）最小使用面积不得小于 8 平方米；

（二）墙壁应有 1.5 米以上的瓷砖或其他防水、防潮、可清洗的材料制成的墙裙；

（三）地面应由防水、防滑、无毒、易清洗的材料建造，具有一定坡度，易于清洗与排水；

（四）配备有足够的照明、通风、排烟装置和有效的防蝇、防尘、防鼠，污水排放和符合卫生要求的存放废弃物的设施和设备；

（五）制售冷荤凉菜的普通高等学校食堂必须有凉菜间，并配有专用冷藏、洗涤消毒的设施设备。

第七条　食堂应当有用耐磨损、易清洗的无毒材料制造或建成的餐饮具专用洗刷、消毒池等清洗设施设备。采用化学消毒的，必须具备 2 个以上的水池，并不得与清洗蔬菜、肉类等的设施设备混用。

第八条　餐饮具使用前必须洗净、消毒，符合国家有关卫生标准。未经消毒的餐饮具不得使用。禁止重复使用一次性使用的餐饮具。

消毒后的餐饮具必须贮存在餐饮具专用保洁柜内备用。已消毒和未消毒的餐饮具应分开存放，并在餐饮具贮存柜上有明显标记。餐饮具保洁柜应当定期清洗、保持洁净。

第九条　餐饮具所使用的洗涤、消毒剂必须符合卫生标准或要求。

洗涤、消毒剂必须有固定的存放场所（橱柜），并有明显的标记。

第十条 食堂用餐场所应设置供用餐者洗手、洗餐具的自来水装置。

第三章 食品采购、贮存及加工的卫生要求

第十一条 严格把好食品的采购关。食堂采购员必须到持有卫生许可证的经营单位采购食品，并按照国家有关规定进行索证；应相对固定食品采购的场所，以保证其质量。

禁止采购以下食品：

（一）腐败变质、油脂酸败、霉变、生虫、污秽不洁、混有异物或者其他感官性状异常，含有毒有害物质或者被有毒、有害物质污染，可能对人体健康有害的食品；

（二）未经兽医卫生检验或者检验不合格的肉类及其制品；

（三）超过保质期限或不符合食品标签规定的定型包装食品；

（四）其他不符合食品卫生标准和要求的食品。

第十二条 学校分管学生集体用餐的订购人员在订餐时，应确认生产经营者的卫生许可证上注有“送餐”或“学生营养餐”的许可项目，不得向未经许可的生产经营者订餐。

学生集体用餐必须当餐加工，不得订购隔餐的剩余食品，不得订购冷荤凉菜食品。

严把供餐卫生质量关，要按照订餐要求对供餐单位提供的食品进行验收。

第十三条 食品贮存应当分类、分架、隔墙、离地存放，定期检查、及时处理变质或超过保质期限的食品。

食品贮存场所禁止存放有毒、有害物品及个人生活物品。

用于保存食品的冷藏设备，必须贴有标志，生食品、半成品和熟食品应分柜存放。

第十四条 用于原料、半成品、成品的刀、墩、板、桶、盆、筐、抹布以及其他工具、容器必须标志明显，做到分开使用，定位存放，用后洗净，保持清洁。

第十五条 食堂炊事员必须采用新鲜洁净的原料制作食品，不得加工或使用腐败变质和感官性状异常的食品及其原料。

第十六条 加工食品必须做到熟透，需要熟制加工的大块食品，其中心温度不低于70度。

加工后的熟制品应当与食品原料或半成品分开存放，半成品应当与食品原料分开存放防止交叉污染。食品不得接触有毒物、不洁物。

不得向学生出售腐败变质或者感官性状异常，可能影响学生健康的食物。

第十七条 职业学校、普通中等学校、小学、特殊教育学校、幼儿园的食堂不得制售冷荤凉菜。

普通高等学校食堂的凉菜间必须定时进行空气消毒；应有专人加工操作，非凉菜间工作人员不得擅自进入凉菜间；加工凉菜的工用具、容器必须专用，用前必须消毒，用后必须洗净并保持清洁。

每餐的各种凉菜应各取不少于250克的样品留置于冷藏设备中保存24小时以上，以备查验。

第十八条 食品在烹任后至出售前一般不超过2个小时，若超过2个小时存放的，应当在高于60℃或低于10℃的条件下存放。

第十九条 食堂剩余食品必须冷藏，冷藏时间不得超过24小时，在确认没有变质的情况下，必须经高温彻底加热后，方可继续出售。

第四章 食堂从业人员卫生要求

第二十条 食堂从业人员、管理人员必须掌握有关食品卫生的基本要求。

第二十一条 食堂从业人员每年必须进行健康检查，新参加工作和临时参加工作的食品生产经营人员都必须进行健康检查，取得健康证明后方可参加工作。

凡患有痢疾、伤寒、病毒性肝炎等消化道疾病（包括病原携带者），活动性肺结核，化脓性或者渗出性皮肤病以及其他有碍食品卫生的疾病的，不得从事接触直接入口食品的工作。

食堂从业人员及集体餐分餐人员在出现咳嗽、腹泻、发热、呕吐等有碍于食品卫生的病症时，应立即脱离工作岗位，待查明病因、排除有碍食品卫生的病症或治愈后，方可重新上岗。

第二十二条 食堂从业人员应有良好的个人卫生习惯。必须做到：

（一）工作前、处理食品原料后、便后用肥皂及流动清水洗手；接触直接入口食品之前应洗手消毒；

（二）穿戴清洁的工作衣、帽，并把头发置于帽内；

（三）不得留长指甲、涂指甲油、戴戒指加工食品；

（四）不得在食品加工和销售场所内吸烟。

第五章　管理与监督

第二十三条 学校应建立主管校长负责制，并配备专职或者兼职的食品卫生管理人员。

第二十四条 学校应建立健全食品卫生安全管理制度。

食堂实行承包经营时，学校必须把食品卫生安全作为承包合同的重要指标。

第二十五条 学校食堂必须取得卫生行政部门发放的卫生许可证，未取得卫生许可证的学校食堂不得开办；要积极配合、主动接受当地卫生行政部门的卫生监督。

第二十六条 学校食堂应当建立卫生管理规章制度及岗位责任制度，相关的卫生管理条款应在用餐场所公示，接受用餐者的监督。

食堂应建立严格的安全保卫措施，严禁非食堂工作人员随意进入学校食堂的食品加工操作间及食品原料存放间，防止投毒事件的发生，确保学生用餐的卫生与安全。

第二十七条 学校应当对学生加强饮食卫生教育，进行科学引导，劝阻学生不买街头无照（证）商贩出售的盒饭及食品，不食用来历不明的可疑食物。

第二十八条 各级教育行政部门应根据《食品卫生法》和本规定的要求，加强所辖学校的食品卫生工作的行政管理，并将食品卫生安全管理工作作为对学校督导评估的重要内容，在考核学校工作时，应将食品卫生安全工作作为重要的考核指标。

第二十九条 各级教育行政部门应制定食堂管理人员和从业人员的培训计划，并在卫生行政部门的指导下定期组织对所属学校食堂的管理人员和从业人员进行食品卫生知识、职业道德和法制教育的培训。

第三十条 各级教育行政部门及学校所属的卫生保健机构具有对学校食堂及学生集体用餐的业务指导和检查督促的职责，应定期深入学校食堂进行业务指导和检查督促。

第三十一条 各级卫生行政部门应当根据《食品卫生法》的有关规定，加强对学校食堂与学生集体用餐的卫生监督，对食堂采购、贮存、加工、销售中容易造成食物中毒或其他食源性疾患的重要环节应重点进行监督指导。

加大卫生许可工作的管理和督查力度，严格执行卫生许可证的发放标准，对卫生质量不稳定和不具备卫生条件的学校食堂一律不予发证。对获得卫生许可证的学校食堂要加大监督的力度与频度。

第三十二条 学校应当建立食物中毒或者其他食源性疾患等突发事件的应急处理机制。

发生食物中毒或疑似食物中毒事故后，应采取下列措施：

（一）立即停止生产经营活动，并向所在地人民政府、教育行政部门和卫生行政部门报告；

（二）协助卫生机构救治病人；

（三）保留造成食物中毒或者可能导致食物中毒的食品及其原料、工具、设备和现场；

（四）配合卫生行政部门进行调查，按卫生行政部门的要求如实提供有关材料和样品；

（五）落实卫生行政部门要求采取的其他措施，把事态控制在最小范围。

第三十三条 学校必须建立健全食物中毒或者其他食源性疾患的报告制度，发生食物中毒或疑似食物中毒事故应及时报告当地教育行政部门和卫生行政部门。

当地教育行政部门应逐级报告上级教育行政部门。

当地卫生行政部门应当于6小时内上报卫生部，并同时报告同级人民政府和上级卫生行政部门。

第三十四条 要建立学校食品卫生责任追究制度。对违反本规定，玩忽职守、疏于管理，造成学生食物中毒或者其他食源性疾患的学校和责任人，以及造成食物中毒或其他食源性疾患后，隐瞒实情不上报的学校和责任人，由教育行政部门按照有关规定给予通报批评或行政处分。

对不符合卫生许可证发放条件而发放卫生许可证造成食物中毒或其他食源性疾患的责任人，由卫生行政部门按照有关规定给予通报批评或行政处分。

对违反本规定，造成重大食物中毒事件，情节特别严重的，要依法追究相应责任人的法律责任。

第六章　附　则

第三十五条 本规定下列用语含义是：

学生集体用餐：以供学生用餐为目的而配置的膳食和食品，包括学生普通餐、学生营养餐、学生课间餐（牛奶、豆奶、饮料、面点等）、学校举办各类活动时为学生提供的集体饮食等。

食堂：学校自办食堂、承包食堂和高校后勤社会化后专门为学生提供就餐服务的实体。

食堂从业人员：食堂采购员、食堂炊事员、食堂分餐员、仓库保管员等。

第三十六条 以简单加工学生自带粮食、蔬菜或以为学生热饭为主的规模小的农村学校，其食堂建筑、设备等暂不作为实行本规定的单位对待。但是，其他方面应当符合本规定要求。

第三十七条 学生集体用餐生产经营者的监督管理，按《学生集体用餐卫生监督办法》执行。

第三十八条 本规定自 2002 年 11 月 1 日起实施。

关于加强学校卫生防疫与食品卫生安全工作意见

国务院办公厅转发教育部、卫生部关于加强学校卫生防疫与食品卫生安全工作意见的通知

国办发〔2003〕69号

各省、自治区、直辖市人民政府，国务院各部委、各直属机构：

教育部、卫生部《关于加强学校卫生防疫与食品卫生安全工作的意见》已经国务院同意，现转发给你们，请认真贯彻执行。

国务院办公厅

二○○三年七月二日

做好学校卫生防疫与食品卫生安全工作，对保障青少年学生身体健康和生命安全，保持学校正常的教学秩序，维护社会的稳定意义重大。各级政府和教育、卫生等部门在学校卫生防疫与食品卫生安全方面做了大量的工作，取得了一定的成绩。但是，近期在学校发生的传染病流行和食物中毒事件数量有所增加。一些地区和学校不重视卫生防疫与食品卫生安全工作，工作机制不健全，工作措施不落实，学校特别是农村学校卫生基础设施条件落后等，是发生上述事件的重要原因。为切实保障学校师生身体健康和生命安全，现就加强学校卫生防疫与食品卫生安全工作提出如下意见：

一、提高认识，加强领导。

做好学校卫生防疫和食品卫生安全工作，是各级人民政府、各

有关部门和学校的共同责任。要从保障青少年学生身体健康和生命安全、保证学校正常教学秩序、维护社会稳定大局的高度，充分认识这项工作的重要性、紧迫性和长期性。要以极端负责的态度，采取切实有效措施，把这项工作扎扎实实地抓紧抓好，抓出成效。

地方各级人民政府主要领导和分管教育、卫生工作的领导要切实负起领导责任，关心学校卫生防疫和食品卫生安全工作，协调解决有关重大问题。各级教育行政部门和学校要成立由一把手负总责的学校卫生防疫与食品卫生安全工作领导小组，全面负责学校卫生防疫与食品卫生安全工作。各级卫生行政部门要把学校卫生防疫与食品卫生安全工作作为卫生部门的一项重要工作，给予密切配合和指导。

二、明确职责，健全机制。

建立健全学校卫生防疫与食品卫生安全工作责任制，将学校卫生防疫与食品卫生安全工作的责任分解落实到部门和具体责任人。各级教育、卫生行政部门要逐级签订学校卫生防疫与食品卫生安全工作责任状，教育行政部门要与学校签订卫生防疫与食品卫生安全工作责任状。要借鉴非典型肺炎防治工作中形成的工作机制建立学校卫生防疫与食品卫生安全工作长效机制。各级教育、卫生行政部门和学校要结合各地区、各学校的实际，按照《突发公共卫生事件应急条例》要求，共同研究制订学校传染病流行、群体性食物中毒等突发事件的应急处理工作预案。要将学校卫生防疫与食品卫生安全应急处理工作纳入突发公共卫生事件应急处理体系之中。

三、加强预防控制，严格学校管理。

各级教育、卫生行政部门要指导学校大力开展爱国卫生运动，增强师生的公共卫生和食品卫生安全意识，促使师生养成良好的卫生习惯，提高自我防范的能力。要加强安全、卫生教育，将公共卫生和食品卫生安全教育贯穿在日常教育之中，结合季节性、突发性传染病及食物中毒的预防，安排必要的课时进行相应的健康教育，使防病防疫知识深入人心。要督促师生加强体育锻炼，不断增强体质，增强防病抗病的能力。

严格学校特别是寄宿制学校的卫生防疫与食品卫生安全管理。学校要严格执行有关法律与规章，加强食堂卫生管理。坚持每天清洁扫除，保持食堂环境卫生清洁；加强安全保卫，禁止非食堂工作人员随意进入食堂加工操作间及食品原料存放间，严防发生投毒事件；加强学校生活饮用水水源的管理，防止水源污染造成疫病传播；加强厕所卫生管理，做好粪便的无害化处理，防止污染环境和水源；加强学生宿舍的卫生管理与安全保卫，改善学生宿舍卫生与通风条件。各学校要明确责任人，切实落实各项卫生防疫与食品卫生安全措施。

建立学生定期健康体检制度，及时发现传染病患者并采取相应的隔离防范措施，及时切断传染病在学校的传播途径。各级人民政府要协调有关部门，妥善解决学生健康体检费用问题。学校要按要求，联系医疗或卫生保健机构定期对学生进行健康体检。

国务院办公厅文件 学校发生食物中毒或者疑似食物中毒事件，应当及时报告当地卫生行政部门和教育行政部门；学校发生传染病流行，必须立即报告当地卫生疾病控制机构和教育行政部门，有关部门接报后要按照《中华人民共和国传染病防治法》和《突发公共卫生事件应急条例》的规定，立即上报。学校在食物中毒或传染病流行事件得到控制后，要将该事件的详细情况和处理结果向上级主管部门报告。

四、加强监督检查，严格责任追究。

加强对学校卫生防疫与食品卫生安全工作的监督检查。各级教育督导部门要将学校卫生防疫与食品卫生安全的有关职责落实情况纳入对中小学的综合评估体系之中，并根据工作要求开展专项督导检查。省级卫生、教育行政部门每年至少安排一至两次专项检查；县级卫生、教育行政部门每学期至少安排一至两次专项检查，相关部门管理人员要经常深入学校（包括教学点）对卫生防疫与食品卫生安全措施落实情况进行巡查，对于发现的问题，要及时提出整改措施。每个学校每学期至少接受一次巡查（包括专项检查或督导检查）。学校要经常性地对食堂、教学环境与生活设施进行自查，以便及早发现问题，把不安全因素消灭在萌芽状态。专项检查或督导检查结果要及时报告上级主管部门并予以公布。对落实卫生防疫与食品卫生安全措施不力，导致学校发生传染病流行或食物中毒事件，对学生身体健康和生命安全造成严重危害；以及在发生传染病流行或食物中毒事件后不及时报告或隐瞒不报的，要依法查处直接责任人，并追究有关领导的领导责任。

五、加大投入，切实改善学校卫生设施与条件。

各级人民政府要加大经费投入，切实改善学校卫生基础设施和条件，在学校规划、建设和危房改造过程中要统筹考虑食堂、宿舍、厕所设施和条件的改善，每年必须安排相应的专项经费改善学校食堂、宿舍、厕所等卫生设施条件。教育行政部门和学校也要安排相应的专项经费，改善学校卫生基础设施和条件。

地方教育行政部门每年要安排学生饮水的专项经费，学校要为学生提供足够的符合卫生标准的饮用水和必要的洗手设施。

各级教育行政部门必须将学校食堂、宿舍、厕所设施及学校卫生基础设施作为义务教育达标验收、示范高中达标验收的重要内容，予以统筹考虑。要及时对存在安全事故隐患的教学、生活设施进行整改，消除事故隐患。

卫生部、教育部关于进一步加强学校卫生管理与监督工作的通知

卫办监督发〔2010〕30号

各省、自治区、直辖市卫生厅局、教育厅（教委），新疆生产建设兵团卫生局、教育局，中国疾病预防控制中心、卫生部卫生监督中心：

为进一步贯彻落实《中共中央 国务院关于加强青少年体育增强青少年体质的意见》（中发〔2007〕7号）（以下简称《意见》）和2008年教育部、卫生部联合召开的全国学校卫生工作电视电话会议精神，切实维护青少年群体的身体健康，根据《学校卫生工作条例》和相关法律法规，现就进一步加强学校卫生管理与监督工作提出如下要求：

一、加强领导，明确职责，切实加强学校卫生管理与监督工作

（一）学校卫生管理与监督工作是学校卫生工作的重要组成部分，是维护广大青少年身体健康的重要保障。各级卫生、教育行政部门要以深入学习和实践科学发展观为契机，从维护和促进广大青少年身体健康的高度，深刻认识做好学校卫生工作的重要性，把贯彻落实《意见》精神作为当前和今后一个时期工作的方向和重点。各级卫生、教育行政部门要坚持预防为主的学校卫生工作方针，按照教育行政部门管理督查，卫生行政部门监督指导，学校具体实施的原则，加强领导，密切配合，共同做好学校卫生管理与监督工作。

（二）各级卫生、教育行政部门密切配合，共同监管，形成各司其职、各负其责的学校卫生工作格局。

1. 各级卫生行政部门要以深化医药卫生体制改革为契机，认真

落实《意见》要求，将加强学校卫生工作作为公共卫生服务内容之一，将学校和学生作为公共卫生服务的重点场所和重点人群，在经费投入、人员队伍建设等方面予以必要保障。按照《卫生部关于认真贯彻落实〈中共中央、国务院关于加强青少年体育增强青少年体质的意见〉的通知》（卫疾控发〔2007〕214 号）要求，协调和督促相关部门和疾病预防控制、卫生监督等有关医疗卫生机构对学校开展传染病防控、食品及饮用水卫生、教学卫生、健康教育以及突发公共卫生事件的应急处置工作。

2. 各级教育行政部门要将学校卫生工作纳入教育工作整体规划，会同卫生行政部门研究制定符合本地区实际的加强学校卫生工作的具体方案及政策措施，并督促学校认真落实各项措施。

二、明确重点，认真履职，把学校卫生监督工作落到实处

（一）强化学校传染病防控措施的监督检查

各级卫生、教育行政部门要结合当前甲型 H1N1 流感防控工作形势，积极主动、科学有效地做好传染病防控监督指导工作，将监督学校落实各项传染病防控措施作为当前的一项重点工作来抓；督促指导学校按照卫生部、教育部相关文件精神，建立和完善传染病防控制度，落实各项防控措施，有效防范传染病疫情在校园内的发生，确保一旦发生疫情能做到早发现、早报告、早处置。

（二）加强学校饮用水卫生监督检查

各级卫生、教育行政部门要以饮用水卫生管理措施的落实情况、供水设施卫生状况及饮用水水质情况为重点，加强辖区内学校特别是农村学校饮用水卫生的监督检查，防范介水传染病的发生。各级卫生监督机构要主动深入学校，指导学校做好饮用水卫生管理工作。

（三）督促学校落实各项基本卫生条件

各级卫生、教育行政部门要依据《国家学校体育卫生条件试行基本标准》等法规、标准规定，联合对新建、改建、扩建校舍的学校开展监督检查，切实从源头上加强校舍、教学设施、生活设施、

卫生保健室配备等基本卫生条件的建设管理；加强学校内影响学生健康的教室建筑、环境噪声、室内微小气候、采光、照明以及黑板、课桌椅等教学卫生环境的监督检查。卫生行政部门对监督检查中发现的不符合学校基本卫生标准或存在卫生安全隐患的，应当提出整改建议，并通报教育部门；对于存在重大隐患的，应及时会同教育行政部门向当地政府报告。

（四）强化学校食品安全综合协调工作

卫生行政部门或地方政府确定承担食品安全综合协调职能的部门要认真履行食品安全综合协调职责，组织协调相关部门加大学校和学校集体供餐配送单位食品安全监督力度，督促有关部门落实监管责任，并指导学校建立健全食品安全制度和食品安全事故处置方案，采取有针对性的预防措施。教育行政部门要加强学校食品安全的日常管理，督促学校履行食品安全责任，并联合有关部门共同对有关食品安全工作开展督导检查。

（五）开展突发事件卫生应急工作监督检查

各级卫生、教育行政部门要依据相关法律法规，加强对学校应急体系机制建设、应急预案拟定和完善、突发公共卫生事件应急处置及应急知识、技能宣教等工作落实情况的监督检查，结合传染病防控、饮用水卫生、基本卫生条件、食品安全等监管工作，及时发现风险隐患，督促排查，全力减少学校突发公共卫生事件危害。

三、密切协作，把握关键，有效开展学校卫生管理与监督工作

（一）加强协作，建立健全沟通与协作机制

各级卫生、教育行政部门紧密合作，建立定期联席会议制度及合作机制，研究拟定学校卫生监管工作的政策、措施，部署联合督导检查，协调处置学校突发公共卫生事件，相互通报有关工作信息，协商解决工作中发现的问题，提高学校卫生工作成效。

（二）加强技术指导，提高学校自身卫生管理水平

各级卫生、教育行政部门在学校卫生监管工作中，要坚持依法

行政，强化指导与服务意识，寓监管于服务中，查、帮、促相结合，优服务、严监管。针对学校卫生存在的薄弱环节，提出合理、可行的指导建议，协助学校建立完善食品、饮用水和传染病防控等有关卫生管理制度，及时调整、强化、落实相关防控措施，从整体上提升学校自身卫生管理水平。

（三）进一步加强学校卫生管理与监督队伍建设

各级卫生、教育行政部门要加强学校卫生监管队伍和能力建设，充实学校卫生监管专业人员。省、地市级卫生监督机构应设立专门科室负责学校卫生监督工作；县（区）级卫生监督机构应有人员从事学校卫生监督工作，并通过“包点、包校”的形式，确保做到学校卫生监督全覆盖。教育行政部门和学校应安排专人分管学校卫生工作；卫生行政部门要加强对其培训，合格者可由当地卫生监督机构聘为学校卫生监督管理人员，不断加强基层学校卫生监管工作队伍建设，努力提高学校卫生监督管理工作的能力和水平。

卫生部卫生监督中心

二〇一〇年二月二十二日

国务院食品安全办等6部门关于进一步加强学校校园及周边食品安全工作的意见

食安办〔2016〕12号

各省、自治区、直辖市食品安全办、综治办、教育厅（委）、公安厅（局）、住房和城乡建设厅（城管局、市政委）、食品药品监督管理局，新疆生产建设兵团食品安全办、综治办、教育局、公安局、建设局、食品药品监督管理局：

青少年饮食安全，直接关系祖国下一代的健康成长，关系亿万家庭的幸福、社会的稳定。党中央、国务院高度重视学校（含托幼机构）校园食品安全工作，各有关部门积极开展学校校园及周边食品安全专项整治工作，推动了学校校园及周边食品安全水平的不断提升，但影响食品安全的因素依然存在。近期，学校校园及周边食品安全事件频发，社会广泛关注。为加大工作力度，形成监管合力，进一步提高学校校园及周边食品安全水平，现提出如下意见。

一、工作目标

认真贯彻《中华人民共和国食品安全法》和“四个最严”的要求，加强学校校园及周边食品安全综合治理，推动学校校园及周边食品安全管理制度进一步健全，食品安全主体责任进一步落实，食品安全监督管理工作进一步加强，学生的食品安全意识进一步提高，学校校园及周边食品安全状况明显改善。

二、工作重点

（一）完善管理制度

地方各级食品安全办、综治组织要进一步推动各有关部门明确监管职责，落实监管责任。各有关部门要按照《中华人民共和国食品安全法》等法律法规，进一步完善加强学校校园及周边食品安全管理的工作制度和机制，按照本意见的要求，制定具体的工作措施，不断强化学校校园及周边食品安全监管。教育部、食品药品监管总局要加快修订出台学校集中用餐食品安全管理规定。

（二）落实食品安全主体责任

学校要落实校园食品安全管理的主体责任，实行食品安全校长负责制，将校园食品安全作为学校安全的重要内容，每学期进行专题研究。建立健全校园食品安全管理制度，明确食品安全管理人员和每个岗位的安全职责，层层签订食品安全责任书。加强学校食堂管理，强化从业人员培训，严格管控原料采购、加工制作、清洗消毒和用水卫生等关键环节，定期开展食品安全自查。采用集体用餐配送单位供餐的，要把食品安全作为遴选供餐单位的重要标准，与供餐单位签订食品安全责任书。

学生集体用餐配送单位要落实食品安全主体责任，健全食品安全管理制度和机构，配备专职食品安全管理人员，强化从业人员培训，严格落实原料采购、加工制作、清洗消毒、成品分装和配送运输等关键环节的控制要求，定期开展食品安全自查，确保供餐食品安全。

校园周边食品经营者要持证经营，依法落实食品安全主体责任，健全并落实食品安全管理制度，严格把控食品采购关口，严格规范加工制作行为，定期开展食品安全自查。校园周边家庭托餐经营者要经基层食品药品监管部门许可或备案、登记后方可经营，经营过程中应落实食品安全主体责任，严格执行原料采购和加工制作要求，定期开展食品安全自查。

（三）加强食品安全教育

学校要将食品安全、营养和节约食物纳入健康教育内容。每学期组织开展食品安全专题教育，并将食品安全与主题班会、课外实践等活动紧密结合，开展经常性教育活动。通过宣传栏、宣传册等，定期向学生传递食品安全、营养等信息，推动学生形成健康的饮食习惯，拒绝食用高油、高盐、高糖食品。教育行政部门要督促学校开展食品安全教育。

地方各级食品药品监管部门要加大对校园周边食品经营者的食品安全宣传教育，督促经营者强化从业人员食品安全培训和职业道德教育，拒绝经营来源不明、标识不清、超过保质期限、感观性状异常等食品及长期食用不利于学生身体健康的食品，对社会和公众负责，承担社会责任。

(四) 加强食品安全监管

地方各级食品药品监管部门要依法依规对学生食堂、学生集体用餐配送单位、校园周边小食品商店、小餐饮、家庭托餐等进行许可或备案、登记，将学校校园及周边食品经营者全部纳入监督管理范围，实行监管全覆盖。将学校校园及周边地区作为日常检查、随机抽查和飞行检查等重点地区和单位，进一步强化监督检查和食品抽检。每年春秋季开学后对学生食堂、学生集体用餐配送单位和校园周边食品经营者开展专项检查。对学生食堂和校园周边餐饮服务提供者，重点检查原料采购、加工制作、清洗消毒、用水卫生等是否符合规定。对学生集体用餐配送单位，除重点检查上述项目外，还应检查成品的运输温度和时间等是否符合规定。对校园周边食品销售者，重点检查食品的感官性状、标签标识、贮存条件等是否符合规定。倡导学生食堂、学生集体用餐配送单位推行食品安全责任保险制度。

地方各级城市管理执法部门要综合运用数字城管等手段和方式，提高对学生上学、放学重点时段的食品安全违法行为的快速发现、快速处置能力，严查校园周边食品无证摊贩。

地方各级教育行政部门要进一步加强对学校食品安全的日常管理，督促学校落实食品安全校长负责制，与行政区域内学校签订食品安全责任书，将食品安全列为年度考核的关键指标。基层教育行政部门要每学期组织开展学校食品安全检查和交叉互查，通报检查结果，对检查中发现的食品安全问题及时督促整改，防控食品安全风险。

（五）加强综合治理

各级食品安全办、综治组织要将学校校园及周边食品安全作为重要工作内容，纳入社会治安重点地区和突出治安问题排查整治范围，加大组织协调力度，会同各有关部门加强分析研判，进行明察暗访，开展排查整治，强化督导考评，深入推进学校校园及周边食品安全的综合治理。

地方各级食品安全委员会要将学校校园及周边食品安全作为重要内容，纳入议事日程，每年至少进行一次专题研究。省级食品安全办要会同有关部门进行认真研究，把学校校园及周边食品安全，确定为年度食品安全重点工作。地方各级食品安全办、综治组织要组织各有关部门在每学期开学后一个月内对学校校园及周边食品安全进行联合检查。

（六）严厉打击食品安全违法行为

地方各级食品药品监管部门要严厉查处学校校园及周边食品经营者无证经营、售卖和使用来源不明、“三无”（无厂名、无厂址、无生产日期）、无中文标识、超过保质期限、腐败变质等感官性状异常的食品及常温存放冷藏冷冻食品等违法行为。

地方各级食品药品监管、城市管理执法、公安部门要密切部门配合，按照国家食品药品监督管理总局、公安部、最高人民法院、最高人民检察院和国务院食品安全办联合出台的《食品药品行政执法与刑事司法衔接工作办法》规定，健全食品安全行政执法与刑事司法衔接工作机制，加大对学校校园及周边食品安全违法犯罪行为打击力度，切实维护学生的食品安全和身体健康。

三、工作要求

（一）加强组织领导

各有关部门要在党委、政府领导下，将加强学校校园及周边食品安全工作作为全面推进平安中国建设的重要内容，组织成立专门领导小组，制定具体实施方案，细化工作目标，明确工作要求。要落实属地管理责任，一级抓一级，层层抓落实，切实做好各项工作。

（二）加强工作统筹

各级食品安全办、综治组织要进一步完善统筹协调工作机制，加强学校校园及周边食品安全信息通报、定期会商和联查联动工作，推动落实各方责任，形成各负其责、齐抓共管的工作局面。

（三）加强考核督导

各级食品安全办要把学校校园及周边食品安全纳入食品安全年度考核指标和创建食品安全城市的重要内容。各级综治组织和教育行政部门要把学校校园及周边食品安全作为“‘平安学校创建’和校园及周边治安综合治理工作”的重要考核指标。各级综治组织要对学校校园及周边食品安全问题突出的地区和单位，根据《中共中央办公厅、国务院办公厅关于印发〈健全落实社会治安综合治理领导责任制规定〉的通知》要求，通过通报、约谈、挂牌督办、一票否决等方式进行综治领导责任督导和追究。

（四）加强社会监督

要畅通投诉渠道，认真听取学生家长对学校校园及周边食品安全的意见、建议，充分发挥媒体、群众的监督作用，及时核查处置媒体和群众反映的学校校园及周边的食品安全问题。

国务院食品安全办

中央综治办　教育部　公安部

住房城乡建设部　食品药品监管总局

2016 年 6 月 16 日

农村教育综合改革实验县贯彻《学校体育工作条例》和《学校卫生工作条例》的意见

国家教委关于印发《农村教育综合改革实验县贯彻〈学校体育工作条例〉和〈学校卫生工作条例〉的意见》的通知

教体〔1990〕017号

现将《农村教育综合改革实验县贯彻〈学校体育工作条例〉和〈学校卫生工作条例〉的意见》发给你们。请各地根据本地实验县具体情况和条件，制订规划，认真贯彻落实。

国家教育委员会

1990年11月17日

1990年，经国务院批准，我委分别与国家体委、卫生部发布了《学校体育工作条例》和《学校卫生工作条例》（以下简称两个《条例》）。两个《条例》是我国学校体育卫生工作的基本法规，是指导学校体育卫生工作的重要依据。今后一个时期，学校体育卫生工作的中心任务就是抓好两个《条例》的贯彻落实。而广大农村地区如何贯彻落实两个《条例》则是首要任务之一。农村教育综合改革实验县是进行各项综合改革实验的基地，为在我国农村贯彻落实两个《条例》积累经验，特就农村教育综合改革实验县如何贯彻两个《条例》、加强学校体育卫生工作提出如下意见：

一、健全机构、加强领导

（一）要充分发挥县政府对学校体育卫生工作的领导和协调作

用。成立以主管县长为组长，教育、体育、卫生等部门领导参加的学校体育卫生工作领导小组，加强对该项工作的领导，协调各部门间的关系，为该项工作的开展解决实际问题。

（二）县教育行政部门要设立体育卫生管理机构，或配备专职干部。乡（镇）文教办要设专职或兼职干部分管学校体育卫生工作。

（三）县、乡中小学要成立以主管校长为组长，教务、总务部门及体育教师、校医参加的学校体育卫生工作领导小组，负责学校体育卫生工作；规模较小的学校由校长负责管理体育卫生工作。

二、加强规划

（一）要把学校体育卫生工作纳入本县（乡）教育综合改革和发展的总体规划，进行通盘考虑，促进同步发展。

（二）各县要根据本地实际情况制定学校体育卫生工作的5年发展规划，乡要制定3年发展规划；县、乡两级政府及教育部门和学校每年据此制定年度工作计划。

（三）要结合当地实际情况，制定贯彻两个《条例》的实施办法。

三、强化管理

（一）要把体育卫生工作作为综合评价学校教育工作质量的重要内容之一，纳入督导评估内容。

（二）制定校长任期目标管理协议及实施九年义务教育责任书时，必须有具体的体育和卫生工作方面的内容。

（三）要根据两个《条例》的要求，制定具体的学校体育卫生工作检查标准；评选先进学校或单位必须纳入体育、卫生工作的内容。

四、坚持分类指导

（一）体育课教学与课外体育活动

所有的学校必须按国家教委颁发的中、小学教学计划开设体育课，同时，每周安排两次以上课外体育活动，每天安排课间操。

县属中、小学的体育教学，必须严格执行体育教学大纲，建立课堂常规，完善教学文件，严密组织教法，提高教学质量。

乡属中、小学和村完小基本执行体育教学大纲，适当扩大选用教材的比例和范围，上课有教案，建立课堂常规并逐步提高教学质量。

其他学校可从实际出发，在符合体育教学大纲指导思想的前提下，编写和选用乡土教材，并逐步使教学正规化。

（二）课余体育训练和竞赛

县重点中、小学要积极开展课余体育训练，尽可能成立 1–2 项本校传统体育项目的代表队，提高学生运动技术水平；其他学校可根据条件开展课余体育训练工作。

县、乡一般每年举行 1 次、各学校每年举行 1–2 次以田径项目为主的全县（乡、校）性运动会。

（三）学校卫生工作

各级中学及乡中心小学以上学校要把健康教育纳入教学计划，根据当地实际情况选用或编写相应教材和教学资料，采取开课、讲座、团队活动、红十字活动等形式，向全体学生开展健康教育，每学期用于健康教育的时间不得少于 5–10 学时；其他学校也应积极创造条件，因地制宜地 开展健康教育活动。

学校要建立各种卫生制度，培养和督促学生养成良好的个人卫生行为和习惯，保持良好的公共环境卫生和学生宿舍卫生。

中学及中心小学以上学校要建立体格检查制度，保证学生每 1–2 年进行一次体格的检查，并对体检资料进行整理分析，提出相应的改进措施。

学校要为学生提供符合卫生标准的饮用水（或要求学生自备开水）；中学及乡中心小学以上学校要为学生提供洗手设施；寄宿制学校要为学生提供洗二、洗澡等卫生设施。

新建、改建、扩建教室中的采光照明、黑板及新购置的课桌椅要符合国家卫生标准；原有教室中的采光照明、黑板、课桌椅要有计划地改善，逐步达到国家标准。

因地制宜地开展近视眼、弱视、沙眼、龋齿、寄生虫、营养不良、贫血、脊柱弯曲等常见疾病的预防、矫治以及传染病的预防和管理工作。

五、建立一支数量足够、质量合格、相对稳定的体育师资和卫生保健人员队伍。

县、乡所属中、小学要按《条例》规定，配齐专职体育教师，其他各校配齐相对固定的兼职体育教师。

各中等师范学校应当根据需要，有计划地开办体育班，或通过增加体育课时、开设体育选修课等办法使部分中师学生毕业后能担任专职或兼职小学体育教师。

要通过选拔代培、函授学习、脱产进修、短期培训、巡回辅导等多种形式提高体育教师、尤其是兼职体育教师的思想和业务素质。

要建立健全教研网络，提高体育教师的教学能力。县教研室要配备得力的专职体育教研员，负责开展全县体育教学研究，提高全县体育教师的业务素质；各乡、镇成立体育教研中心，配备若干名脱产或半脱产教师，定期开展各种形式的教研活动和巡回辅导活动，帮助提高兼职体育教师的教学能力。

乡中心小学以上学校要建立卫生室，其中600名学生以上的学校要配备专职校医，不足600名学生的学校要配备固定的兼职保健教师。村小要设保健箱，有人分管学校卫生工作。

要有计划地通过各种形式对校医或保健教师进行业务培训，保证每个校医（或保健教师）每年接受培训的时间在40学时以上。每年组织校医（或保健教师）进行1-2次业务或工作经验交流活动。

六、努力改善体育卫生工作条件

县、乡（镇）人民政府在安排年度学校教育经费时，应当安排一定数额的体育卫生经费；县、乡（镇）教育行政部门和学校应把体育卫生经费列为专项经费，保证用于学校体育卫生工作。

县体育部门在经费上应当尽可能对学校体育工作给予支持。

县、乡（镇）、村各级政府和组织要鼓励全社会关心并捐资支持学校体育卫生工作。

各学校要按照国家或地方颁布的中小学体育器材设施、卫生室器械与设备配备标准的要求，配备相应的器材、器械和设备，并充分发挥其使用效率。

继续发扬艰苦奋斗的精神，大力提倡自力更生，就地取材，自制体育器材，修建运动场地。自制体育器材设施要坚固耐用，安全可靠。

学校应当制定体育场地、器材、设备的管理维修制度，并由专人负责管理。

任何单位或个人不得侵占、破坏学校体育场地、器材、设备，违者要追究责任，并予以处理。

校园综合管理

中小学校园环境管理的暂行规定

国家教委关于颁发

《中小学校园环境管理的暂行规定》的通知

教基〔1992〕19号

为加强校园环境的管理，保障学校和教职工、学生的合法权益，保证学校教育教学活动的正常进行，我委制定了《中小学校园环境管理的暂行规定》，现颁发施行。施行中有何问题和意见，请及时告我委。

国家教育委员会

1992年6月10日

第一条 为加强中小学校校园环境的管理，创设良好育人环境，保障学校和教职工、学生的合法权益，保证学校教育教学活动的正常进行，特制定本规定。

第二条 本规定适用于全日制普通中学、小学校内环境及所处周围环境的管理。

第三条 学校是教职工和学生工作、学习、生活的主要场所，应做到环境整洁优美，风气积极向上，设施完好，秩序正常，成为社会主义精神文明建设的阵地。

第四条 在学校创设良好的育人环境，建立正常的教育教学秩序，维护教职工和学生的合法权益，是校长工作的重要职责。校长应该负责将校园环境建设列入工作计划，采取措施，组织实施。

上级教育行政部门应将学校校园环境的管理状况列为对校长工作考核的一项重要内容。

第五条 校园内教学区、体育活动区、生活区和生产劳动区等布局应合理，避免相互干扰。

学校校舍应坚固、适用，并按有关规定加强管理和维修。

学校校园要绿化、美化。

第六条 学校要形成方向正确、健康文明、积极向上的校风。

教师要模范执行《中小学教师职业道德规范》，言行一致，以身作则，为人师表。

学校要严格按照中、小学生日常行为规范要求和训练学生。

第七条 校长要严格按照国家颁布的教学计划，建立正常的教育教学秩序。不经批准，不允许任何单位或个人组织学生停课参加社会活动。

第八条 要严格执行中小学升降国旗制度。

国旗要合乎规定，无破损、无污迹，旗杆直立，位置适宜。

第九条 学校要按固定悬挂领袖像，张贴中华人民共和国地图和世界地图，张贴中、小学生日常行为规范和守则，并积极创造条件设置板报、阅报栏、供展览用橱窗，开辟图书室、阅览室、团队活动室和教育展览室。

第十条 不允许任何单位或个人在学校中进行宗教活动，不允许在学校向学生宣传宗教。

第十一条 严禁宣传暴力、凶杀、色情、恐怖、迷信的图书报刊、音像制品在学校中传播。坚决抵制赌博、酗酒、不健康的歌曲和封建迷信活动对学生的影响。

第十二条 不允许任何单位或个人在校园内从事以师生为消费对象的盈利性活动。

第十三条 学校要建立安全教育制度。在教学设施，饮水饮食，取暖、用电，开展体育、劳动和其他集体活动等方面采取安全防范措施，保证师生安全。

学校要建立安全保卫制度。财务、档案、食堂、宿舍、各类专用教室、传达室等部门和场所要制定人员负责，建立岗位责任制，严格管理。节假日要安排人员值班、护校。

非学校人员未经许可不得进入学校。非学校及学校人员的车辆未经允许不得进入或穿行学校。经许可进入学校的车辆要按固定路线行驶，不得影响学校教育教学活动。

第十四条 学校要按照有关规定，建立公共卫生制度。

校园要整洁、有序，宿舍空气流通，被褥干净，物件安置有序。食堂卫生符合国家有关规定。厕所的设置应符合国家标准，保持清洁。

要严格执行《中华人民共和国传染病防治法》，预防传染病在校园内传播。

第十五条 不允许任何单位或个人依傍学校围墙或房墙构筑建筑物。

不允许校园周围的建筑影响学校教室采光、通风。对已经造成影响的，应要求有关单位或个人按当地政府有关部门规定的限期治理。

不允许任何单位或个人在学校周围从事有毒、有害的污染（包括噪声）环境的生产经营活动，或设立精神病院、传染病医院。对已经造成危害和影响的，应要求其按当地政府有关部门固定的限期治理或搬迁。

第十六条 执行文化部、公安部的规定，不允许任何单位或个人在学校门前200米半径内设置台球、电子游戏机营业点。不允许在学校门前和两侧设置集贸市场、停车场，摆摊设点，堆放杂物。

第十七条 不允许任何单位或个人在学校所属地域内放牧、种植作物、打场、堆物、取土、采石。

严禁在校园内建造、恢复祠堂、庙宇、坟茔等。

第十八条 违反本规定的，应依具体情况，按以下办法对有关责任人员进行处理：

（一）属学校行政管理不当的，当地教育行政部门应令其限期改正；工作中发生错误，造成一定影响的，当地教育行政部门应对校长及其他责任人员进行批评教育；因工作失职、渎职造成后果者，当地教育行政部门或上级主管部门应追究其行政责任，后果严重的，提请政法部门依法追究刑事责任。

（二）属工商管理范畴的，提请当地工商行政管理部门依有关法规处理。

（三）属民事范畴的，提请当地司法部门依法处理。

（四）属违反治安管理处罚条例的，报请当地公安部门依法处理。

（五）对构成犯罪的交由政法部门追究刑事责任。

第十九条 认真执行和维护本规定成绩显著的单位或个人，由当地人民政府和教育行政部门予以表彰和奖励。

第二十条 本规定自公布之日起施行。

节约型校园节能监管体系建设示范项目验收管理办法（试行）

住房城乡建设部　教育部关于印发《节约型校园节能监管体系建设示范项目验收管理办法（试行）》的通知

建科〔2014〕85号

各省、自治区、直辖市住房和城乡建设厅、建委（建交委）、教育厅（教委），计划单列市建委（建设局）、教育局，新疆生产建设兵团建设局、教育局：

为进一步贯彻落实《住房和城乡建设部、教育部关于推进高等学校节约型校园建设进一步加强高等学校节能节水工作的意见》（建科〔2008〕90号）要求，做好高等学校节能监管体系建设工作，住房城乡建设部会同教育部组织编制了《节约型校园节能监管体系建设示范项目验收管理办法（试行）》，现印发给你们，请遵照执行。

中华人民共和国住房和城乡建设部

中华人民共和国教育部

2014年6月4日

第一条　为确保节约型校园节能监管体系建设示范项目的建设效果，规范指导验收工作，制定本办法。

第二条　本办法适用于列入到财政部、住房城乡建设部、教育部组织的节约型校园节能监管体系建设示范项目的验收。

第三条　验收依据：

（一）建设部 财政部《关于加强国家机关办公建筑和大型公共

建筑节能管理工作的实施意见》（建科〔2007〕245号）

（二）财政部关于印发《国家机关办公建筑和大型公共建筑节能专项资金管理暂行办法》的通知（财建〔2007〕558号）

（三）住房城乡建设部 教育部《关于推进高等学校节约型校园建设进一步加强高等学校节能节水工作的意见》（建科〔2008〕90号）

（四）财政部 住房城乡建设部《关于进一步推进公共建筑节能工作的通知》（财建〔2011〕207号）

（五）住房城乡建设部 教育部《高等学校节约型校园建设管理与技术导则》（试行）（建科〔2008〕89号）

（六）住房城乡建设部 教育部关于印发《高等学校校园建筑节能监管系统建设技术导则》及有关管理办法的通知（建科〔2009〕163号）

第四条 验收条件：

（一）完成示范项目批复文件中规定的建设内容，并由建设单位完成自查自验；

（二）对按监测50栋建筑核定补助资金的高校，能耗及水耗监测计量点数总和不得低于1000个（不包括学生宿舍和家属区），对按监测50栋以下建筑核定补助资金的高校，平均每栋建筑能耗水耗监测计量点数不得低于20个；

（三）完成数据中心机房建设、服务器和存储设备安装，能够正常接收建筑能耗水耗计量数据和进行统计分析并上传数据；

（四）符合《高等学校校园建筑节能监管系统建设技术导则》（建科〔2009〕163号）要求；

（五）能耗水耗监测设备连续运行2个月以上，数据采集传输真实、可靠、稳定；

（六）中央财政资金的使用及管理符合国家有关规定；

（七）节约型校园建设相关资料齐全。

第五条 验收内容：

（一）校园建筑能耗统计、能源审计、能效公示情况；

（二）数据中心建设情况；

（三）平台软件功能情况；

（四）能耗水耗监测情况；

（五）配套制度建设情况；

（六）节能节水效果。

第六条　中央部委直属高校节能监管体系示范项目由住房城乡建设部建筑节能与科技司会同教育部发展规划司组织专家进行验收。地方高校节能监管体系示范项目由当地省级住房城乡建设主管部门会同教育主管部门组织专家进行验收。

第七条　高校完成项目建设任务后应组织自检，确定达到验收条件后，中央部委直属高校直接向住房城乡建设部建筑节能与科技司、教育部发展规划司提交验收申请和验收报告，地方高校向学校所在地的省级住房城乡建设主管部门、教育主管部门提交验收申请和验收报告，验收报告应包括以下内容：

（一）实施方案及技术要点；

（二）建设任务完成情况，包括建筑能耗统计、能源审计、能效公示以及各级计量监测的建筑栋数、建筑面积和监测点数等；

（三）节约型校园相关制度建设情况；

（四）能耗水耗监测平台运行维护情况；

（五）建设过程相关文件及资金使用情况；

（六）效果自评估情况。

第八条　验收主管部门收到验收申请后，对提供的资料进行核查，确认具备验收条件后，组织专家进行验收。

第九条　验收专家组成应包含：不少于2名信息专业的专家，不少于3名从事建筑节能或高校后勤管理相关工作的专家。

第十条　验收程序：

（一）测试监测平台软件功能，形成系统测试报告；

（二）听取建设、运行情况及节能节水效果汇报；

（三）查阅制度建设、工程建设相关文件及资金使用情况报告；

（四）检查数据中心和节能节水监测设备安装现场情况；

（五）专家组形成验收结论。

第十一条 对验收合格的地方高校，省级住房城乡建设主管部门、教育主管部门应填写《节约型校园节能监管体系建设示范项目验收备案表》，连同验收意见报送住房城乡建设部建筑节能与科技司、教育部发展规划司备案。住房城乡建设部建筑节能与科技司会同教育部发展规划司组织专家对已验收通过的地方节约型校园监管体系示范项目按一定比例进行抽检，对全部节约型校园监管体系示范项目运行维护情况进行定期抽查。

第十二条 本办法由住房城乡建设部建筑节能与科技司、教育部发展规划司负责解释。

第十三条 本办法自印发之日起执行。

高等学校学科创新引智计划实施与管理办法

教育部　国家外国专家局关于印发《高等学校学科创新引智计划实施与管理办法》的通知

教技〔2016〕4号

各省、自治区、直辖市教育厅（教委）、外国专家局，计划单列市教育局、外国专家局，新疆生产建设兵团教育局、外国专家局，有关部门（单位）教育司（局），教育部直属各高等学校：

十八大以来，随着科技教育改革不断深入，对外开放水平提升到新境界。根据形势需要，为加大力度引进国外优秀人才智力，更好服务创新驱动发展战略，引领和支撑世界一流大学和一流学科建设，进一步规范和加强高等学校学科创新引智基地建设和管理，在2006年《高等学校学科创新引智基地管理办法》基础上，我们重新制定了《高等学校学科创新引智计划实施与管理办法》，现印发给你们，请认真遵照执行。

中华人民共和国教育部

国家外国专家局

2016年11月3日

第一章　总　则

第一条　为进一步提升“高等学校学科创新引智计划”（以下简称“111计划”）实施和管理的科学化与规范化水平，充分发挥引进国外高水平人才和智力在服务国家重大战略需求，引领和支撑世界一流大学和一流学科建设方面的重要作用，制定本办法。

第二条 “111计划”由教育部和国家外国专家局联合组织实施，以建设世界一流学科创新引智基地为手段，加大成建制引进海外人才的力度，在高等学校汇聚一批世界一流人才，进一步提升高等学校引进国外智力的层次，促进海外人才与国内科研骨干的融合，形成国际化学术团队，开展高水平合作研究、高层次人才培养、高质量学术交流，重点建设一批具有自主创新能力的学科，提升高等学校的科技创新能力和综合竞争力。

第三条 “111计划”的总体目标是瞄准国际学科发展前沿，围绕国家需求，结合高等学校具有国际前沿水平或国家重点发展的学科领域，以优势特色学科为基础，以国家、省、部级重点科研基地为平台，从世界排名前100位的大学、研究机构或世界一流学科队伍中，引进、汇聚1000名海外顶级学术大师以及一大批学术骨干，与国内优秀学科带头人和创新团队相互融合，形成高水平的研究队伍，重点建设100个世界一流的学科创新基地，努力取得具有重大国际影响的科研成果，提高高等学校的整体水平和国际地位。

第四条 “111计划”以学科创新引智基地（以下简称“111基地”）建设项目的形式实施，按照“统筹规划、服务需求、科教融合、择优建设、动态管理”的原则进行。

第二章　组织机构与职能职责

第五条 教育部、国家外国专家局联合成立“111计划”领导小组，负责计划的宏观指导和决策。领导小组由两部门领导和相关司级领导组成，主要职能为：

1. 制订“111计划”的整体规划、战略布局；
2. 审核确定“111基地”建设名单和资助经费等。

第六条 教育部科技司和国家外国专家局教科文卫司相关业务

处室人员联合组成“111 计划”管理办公室，主要职能为：

1. 制订并发布“111 计划”年度实施方案；

2. 聘请国内外知名学者组成“‘111 计划’高等学校学科创新引智计划专家委员会”（以下简称“111 专委会”），作为学术咨询机构。委员会成员实行聘任制，5 年一个聘期，可连续聘任；

3. 对计划项目申报材料进行形式审查，并组织“111 专委会”对项目进行评审；

4. 负责“111 基地”建设立项；

5. 负责推进项目的执行和检查经费的落实；

6. 组织对“111 基地”的验收和评估。

第七条 “111 专委会”受“111 计划”管理办公室委托，主要行使以下职能：

1. 对“111 计划”有关问题进行咨询；

2. 负责计划项目的评审；

3. 对各“111 基地”的建设运行情况进行检查监督与验收评估。

第八条 高等学校是“111 基地”建设的依托单位，获得“111 计划”资助的高校应加强学科创新引智工作力量。

第三章 支持范围与条件

第九条 “111 计划”遴选范围包括中央高校和地方高等学校。具体申报资格与申报数量由年度实施方案确定。

第十条 申请本计划的“111 基地”应具备以下条件：

1. 学科基础：

依托学科应为国内一流优势特色学科，建设有国家、省部级重点科研平台，具有良好的国际合作研究基础。

2. 人员构成：

(1) 应聘请 10 名以上海外人才团队，其中包括：1 名以上国际一流学术大师，5名以上高水平学术骨干；或成建制10人以上国际一流海外团队。

（2）国内人才团队10人以上，其中包括5人以上优秀学术带头人和中青年拔尖人才。

3. 人员条件：

（1）海外人才应在世界排名前100位的大学、研究机构任职或受聘于世界一流学科的教学科研岗位，与本学科有良好的合作研究基础。

（2）海外人才应具有外国国籍，对中国友好，品德高尚，治学严谨，富于合作精神。国际学术大师年龄一般不超过65岁（诺贝尔奖获得者可适当放宽），学术骨干年龄一般不超过55岁。

（3）国际学术大师应为外国国家科学院或工程院院士或国际公认的一流专家学者，其学术水平在国际同领域处于领先地位，取得过国际公认的重要成就。

（4）海外学术骨干应具有所在国副教授以上或其他同等职位，在所属领域取得过同行公认的创新性成果。

（5）国内工作时间：国际学术大师每人每年原则上累计不少于1个月；海外学术骨干每人每年原则上累计不少于3个月，一般应保持有1名以上海外学术骨干长期在基地工作。

（6）国内研究团队学术带头人的年龄一般不超过60岁、科研骨干成员年龄一般不超过50岁，两院院士、千人计划、长江学者、杰出青年基金获得者等国家人才计划获得者应占有一定比例。

第十一条　两个“111基地”不得引进同一名国际学术大师。

第四章　申报、评审及立项

第十二条　高等学校按照年度实施方案的具体要求进行申报。以学校为单位，不受理个人申报。

第十三条　申报单位根据核定的申报名额、本办法规定的申报条件和本单位实际情况进行遴选、推荐，组织填写《高等学校学科创新引智基地建设申请书》、并与相关材料一并报送至“111计划”管理办公室。

第十四条 “111计划”管理办公室组织项目的评审工作。项目评审程序为：

1. “111计划”管理办公室对申报材料进行形式审查，凡审查不合格者将不予受理；

2. 组织本领域同行专家对申报材料进行初评；

3. 组织“111专委会”进行会议评审，对相关情况进行综合评议并填写评审意见表；

4. “111计划”管理办公室汇总专家意见，并根据专家意见制定年度支持方案报领导小组审核批准；

5. 根据领导小组审批结果，公布“111计划”年度项目立项名单和资助经费额度。

第十五条 予以立项的“111基地”依托高校须填写《高等学校学科创新引智基地建设计划任务书》，并组织专家组进行可行性论证，论证后的任务书和论证报告作为中期绩效检查和验收的依据。

第五章　组织管理与验收评估

第十六条 “111基地”一个建设周期为5年，每个基地须从建设期首年度开始建立年度进展报告制度，每年根据相关通知要求将进展报告报送“111计划”管理办公室。

第十七条 予以立项的“111基地”根据计划任务书的要求，须持续提升引进国外人才层次和水平，自主开展合作研究，加强学科建设和人才培养，加大联合培养博士生力度，积极争取承担国内外重大科研任务，引领和支撑一流学科建设。

第十八条 “111基地”实行依托单位领导下的主任负责制，

基地主任应是本领域高水平学科带头人，具有较强组织管理和协调能力。“111 基地”实行“开放、流动、协同、共享”的运行机制。

第十九条 “111 基地”实行中期绩效检查制度，对立项建设后满 3 年的基地进行中期绩效检查。对中期绩效检查中出现下列情况之一的，要求予以整改或中止建设：

1. 对明显未达到引智计划要求、难以完成预期目标的；
2. 保障条件不能落实，无法按原建设方案实施的；
3. 其他因人为因素严重影响基地正常建设的。

第二十条 中期绩效检查委托“111 专委会”进行，采取现场检查的办法，检查包括海外人才引进、重点工作进展、学校保障措施、基地管理运行、存在的主要问题等，并形成中期绩效检查报告。

第二十一条 对基地负责人调离的，其所在高等学校应在负责人调离后 3 个月内向“111 计划”管理办公室提交负责人调整意见，经管理办公室同意后予以调整。

第二十二条 “111 基地”首个 5 年建设期结束后，由“111 计划”管理办公室组织验收，“111 基地”所在高校应按相关通知要求，填写《高等学校学科创新引智基地验收申请报告》报“111 计划”管理办公室。

第二十三条 “111 计划”管理办公室组织专家对“111 基地”进行现场验收，验收程序包括：听取基地主任和依托高校的建设汇报，审核验收材料，考察研究平台和建设成效，对照任务书确定的建设目标，重点对引进海外人才和国际化团队建设、创新能力和国际学术影响力、学科提升和高层次人才培养、建设管理和开放共享、高水平国际合作等进行验收并形成验收意见。

第二十四条 对“111 基地”建立滚动支持机制，对建设成效显著、验收结果良好的“111 基地”可继续滚动支持 5 年。

第二十五条 “111 基地”须参加 5 年一次的周期性评估，评估工作由“111 专委会”或委托第三方专家组进行，坚持公开、公平、公正的原则，评估内容包括学科建设水平与人才培养质量、合作研究与协同创新水平、国际化团队建设和青年拔尖人才引进、管理运行和开放共享等，对通过评估的基地保留名称继续开放运行，对于未通过评估的“111 基地”要求整改或淘汰。

第二十六条 “111 基地”要积极探索实质性、高水平、可持续的协同合作机制，推进机构化、制度化、规范化的建设模式，积极承担国际合作联合实验室（研究中心）、国际大科学计划（工程）、世界一流国际学术期刊建设等项目，鼓励基地人员在国际重要学术组织任职，不断提高国际合作的层次与水平。

第二十七条 “111 基地”经费支持人员所发表的相关论文、专著、研究报告、资料、鉴定证书及成果报道等，均须标注“高等学校学科创新引智计划资助”（Supported by the 111 Project）中英文字样和项目编号。

第二十八条 “111 基地”要建立国际一流的管理和运行机制，加大宣传力度，建立国际化动态信息网站，营造创新引领、追求卓越的文化氛围。

第六章 建设经费与使用管理

第二十九条 “111 基地”建设期间可获得专项经费支持，专项经费由教育部、国家外国专家局、高等学校主管部门、依托单位共同筹措。

第三十条 国家专项建设经费的使用与管理应严格按照国家聘请外国专家经费相关办法和规定执行，依托单位应保障“111 基地”建设经费投入，规范使用、提高效益，接受监督检查。

第三十一条 高校配套经费除补充聘请外国专家费用不足部分外，还可用于：

1. 开展科学研究所需的科研业务费、实验材料费、人员费、助研津贴和其他相关费用；

2. “111 基地”配备的国内优秀科研骨干赴国外一流大学、科研机构从事合作研究、短期访问及联合培养博士研究生所需费用；

3. “111 基地”召开相关国际学术会议及其他与学科创新引智基地建设相关的费用。

第七章 附 则

第三十二条 本办法自发布之日起施行，《高等学校学科创新引智基地管理办法》（教技〔2006〕4 号）同时废止。

第三十三条 有关高等学校可参照本办法，制定本校“111 基地”建设管理办法。

第三十四条 本办法由“111 计划”管理办公室负责解释。

高等学校哲学社会科学繁荣计划专项资金管理办法

财政部　教育部关于印发《高等学校哲学社会科学繁荣计划专项资金管理办法》的通知

财教〔2016〕317号

党中央有关部门，国务院有关部委、有关直属机构，各省、自治区、直辖市、计划单列市财政厅（局）、教育厅（教委、教育局），新疆生产建设兵团财务局、教育局：

为促进高校哲学社会科学事业健康持续协调发展，加强和规范高等学校哲学社会科学繁荣计划专项资金管理，提高资金使用效益，根据党中央、国务院关于深入推进高等学校哲学社会科学繁荣发展的有关精神、《中共中央办公厅 国务院办公厅关于进一步完善中央财政科研项目资金管理等政策的若干意见》以及国家财政财务管理有关法律法规，我们制定了《高等学校哲学社会科学繁荣计划专项资金管理办法》。现印发你们，请遵照执行。

财政部　教育部

2016年10月26日

第一章　总　则

第一条　为促进高校哲学社会科学事业持续健康协调发展，加强和规范高等学校哲学社会科学繁荣计划专项资金（以下简称繁荣计划专项资金）管理，提高资金使用效益，根据党中央、国务院关于深入推进高等学校哲学社会科学繁荣发展的有关精神、《中共中

央办公厅 国务院办公厅关于进一步完善中央财政科研项目资金管理等政策的若干意见》以及国家财政财务管理有关法律法规，制定本办法。

第二条 繁荣计划专项资金由中央财政安排，是用于支持“高等学校哲学社会科学繁荣计划”（以下简称繁荣计划）社会科学研究、学科发展、人才培养和队伍建设的专项资金。

第三条 繁荣计划专项资金以促进出成果、出人才为目标，坚持以人为本、遵循规律、“放管服”结合，坚持统筹规划、分类实施、专款专用、规范高效的管理原则。繁荣计划专项资金管理充分体现质量创新和实际贡献，赋予依托学校和项目负责人更大的管理权限。在简政放权的同时，注重规范管理、改进服务，为科研人员潜心研究创造良好条件和宽松环境，充分调动科研人员积极性创造性。

第四条 财政部、教育部负责制定繁荣计划专项资金管理制度，研究制定预算安排的总体方案。教育部负责编制繁荣计划专项资金年度预算、组织实施和管理监督工作，建立健全项目绩效考评机制。

第五条 项目依托学校是繁荣计划项目实施和资金管理使用的责任主体，应当制定和完善本单位项目和资金管理办法，按要求具体负责项目组织、实施、评价等全过程管理；将项目资金纳入学校预算，指导和审核项目预算编制，承担项目资金的财务管理和会计核算，监督项目资金使用，审核项目决算。

项目依托学校的财务和科研管理等相关部门，要根据学科特点和实际需要，加强对项目预算执行和资金使用的指导；注重科学管理、改进服务，为项目实施提供条件保障。

第六条 项目负责人是项目管理和资金使用的直接责任人，应当按照本办法规定，科学编制项目预算和决算，合理合规使用资金。

项目负责人应当严格遵守国家预算和财务管理规定，对资金使用和项目实施的合规性、合理性、真实性和相关性负责，并承担相应的经济与法律责任。

第二章　支出范围

第七条　繁荣计划专项资金分为研究项目资金、非研究项目资金和管理资金。

第八条　本办法第七条所称研究项目是指围绕繁荣计划建设任务设立的各类高校哲学社会科学研究项目的总称。研究项目资金包括在项目研究过程中发生的直接费用和间接费用。

第九条　直接费用包括图书资料费、数据采集费、会议费/差旅费/国际合作与交流费、设备费、专家咨询费、劳务费、印刷费/宣传费等。其中：

图书资料费：指在项目研究过程中购买必要的图书（包括外文图书）、专业软件，资料收集、整理、录入、复印、翻拍、翻译，文献检索等费用。

数据采集费：指在项目研究过程中开展问卷调查、田野调查、数据购买、数据分析及相应技术服务购买等费用。

会议费/差旅费/国际合作与交流费：指围绕项目研究组织开展学术研讨、咨询交流、考察调研等活动而发生的会议、交通、食宿费用，以及项目研究人员出国及赴港澳台地区、外国专家来华及港澳台地区专家来内地开展学术合作与交流的费用。其中，不超过直接费用20%的，不需要提供预算测算依据。

设备费：指在项目研究过程中购置设备和设备耗材、升级维护现有设备以及租用外单位设备而发生的费用。应当严格控制设备购置，鼓励共享、租赁以及对现有设备进行升级改造。

专家咨询费：指在项目研究过程中支付给临时聘请的咨询专家的费用。专家咨询费由项目负责人按照项目研究实际需要编制，支出标准按照国家有关规定执行。

劳务费：指在项目研究过程中支付给参与项目研究的研究生、博士后、访问学者和项目聘用的研究人员、科研辅助人员等的劳务费用。项目聘用人员的劳务费开支标准，参照当地科学研究和技术服务业人员平均工资水平以及在项目研究中承担的工作任务确定，其社会保险补助费用纳入劳务费列支。劳务费预算由项目负责人按照项目研究实际需要编制。

印刷费/宣传费：指在项目研究过程中支付的打印、印刷和出版、成果推介等费用。

其他：指与项目研究直接相关的除上述费用之外的其他支出。其他支出应当在项目预算中单独列示，单独核定。

第十条 间接费用是指项目依托学校在组织实施项目过程中发生的无法在直接费用中列支的相关费用，主要包括补偿学校为项目研究提供的现有仪器设备及房屋、水、电、气、暖消耗等间接成本，有关管理工作费用，以及激励科研人员的绩效支出等。

间接费用一般按照不超过项目支出总额的一定比例核定。具体比例如下：50 万元及以下部分为 30%；超过 50 万元至 500 万元的部分为 20%；超过 500 万元的部分为 13%。严禁超额提取、变相提取和重复提取。

间接费用应当纳入项目依托学校预算统筹安排，合规合理使用。项目依托学校统筹安排间接费用时，应当处理好合理分摊间接成本和对科研人员激励的关系，绩效支出安排应当结合项目研究进度和完成质量，与科研人员在项目工作中的实际贡献挂钩。

第十一条 非研究项目资金指支撑高校哲学社会科学科研机构、团队以及智库运行、优秀成果奖励等繁荣计划建设项目的资金。

非研究项目资金按照“绩效导向、稳定支持、协议管理、动态调整”的原则进行资助和管理，可以通过第三方评估将相关优秀的研究机构（或者智库、团队）纳入资助范围。

在财政部、教育部核定的资金总额内，依托高校和相关研究机构（或者智库、团队）根据绩效目标，围绕实现培养拔尖人才、服务国家重大战略、推出学术精品力作、扩大对外学术交流等任务，按规定自主编制资金预算，自主决定使用方向。同时，应当完善资金管理办法，提高资金使用效益，注重发挥绩效激励作用，尊重科研工作者的创造性劳动，体现知识创造价值。

教育部与依托学校、受资助研究机构（或者智库、团队）约定建设周期内的目标任务，委托第三方进行评价考核，根据实际绩效实行有差别的稳定支持，并采取优胜劣汰、动态调整的管理方式。

财政部、教育部按规定对获得教育部科学研究优秀成果奖（人文社会科学）的成果进行奖励，对被采用和向有关部门报送的有价值、高水平的咨政成果实行后期资助和事后奖励。学校不得对奖励资金提取间接费用。

第十二条 管理资金是指教育部在实施繁荣计划过程中组织、协调、评审、鉴定等管理性工作所需费用。

在繁荣计划实施过程中，应按照“管、办、评”分离原则，推进政府购买服务，规范向社会力量购买服务的程序和方式，切实转变政府职能。

第十三条 繁荣计划专项资金项目中的相关开支标准，按照国家以及项目依托学校的有关规定执行。

第十四条 繁荣计划专项资金应当专款专用，不得用于偿还贷款、支付罚款、捐赠、赞助、对外投资等支出，不得用于本单位编制内人员的工资支出，不得用于繁荣计划建设项目之外的支出，不得用于其他不符合国家规定的支出。

项目负责人应当按照批准的项目预算，在依托学校财务、科研管理部门的指导下使用项目资金；依托学校和个人不得以任何理由和方式截留、挤占和挪用。繁荣计划专项资金项目中涉及仪器设备采购的，按国家关于政府采购的有关规定执行。

第三章 预算管理

第十五条 项目申请人在申报繁荣计划项目资金时，应当根据项目类别和要求，按照项目实际需要和资金开支范围规定，科学合理、实事求是地按年度编制项目预算、设定项目绩效目标，并对直接费用支出的主要用途和测算理由等作出说明。

项目资金需要转拨协作单位的，应在预算中单独列示，并对外协单位资质、承担的研究任务、外拨资金额度等进行详细说明。项目负责人应对合作（外协）业务的真实性、相关性负责。间接费用外拨金额，由项目依托学校和合作研究单位协商确定。

第十六条 教育部根据繁荣计划建设目标和建设内容，重点对项目预算的目标相关性、政策相符性、经济合理性进行评审。应建立评审专家库，建立和完善评审专家的遴选、回避、信用和问责制度。

第十七条 教育部根据部门预算编制要求，在部门预算“一上”时，将繁荣计划专项资金三年支出规划和年度预算建议数报送财政部，财政部按部门预算程序审核后批复年度预算。

第十八条 教育部根据繁荣计划项目类别和完成期限向项目依托学校下达项目预算。其中，研究项目预算一次核定、按年度分期分批下达。未通过年度或中期检查的，停止下达下一年度后续项目预算；非研究项目资金采取一次核定、按年度一次性下达。

繁荣计划专项资金支付按照国库集中支付制度有关规定执行。

第十九条 项目依托学校应当将资金纳入学校财务部门统一管理。

学校应当严格按照国家有关规定和本办法规定，制定内部管理办法，明确审批程序、管理要求和报销规定，落实项目预算调剂、间接费用统筹使用、劳务费分配管理、结转结余资金使用等管理权限，建立健全内控制度，加强对项目资金的监督和管理。

学校应当指导项目负责人科学合理编制预算，规范预算调剂程序，完善项目资金支出、报销审核监督制度，加强对专家咨询费、劳务费、外拨资金、间接费用、结转结余资金等的审核和管理。

学校应当强化对合作项目真实性、可行性和合规性的审核，严格防止虚假资源匹配和虚假合作，坚决杜绝假借合作名义骗取资金。

学校应当建立健全科研财务助理制度，为科研人员在项目预算编制和调剂、资金支出、项目资金决算和验收等方面提供专业化服务。充分利用信息化手段，建立健全单位内部科研、财务、项目负责人共享的信息平台，提高科研管理效率和便利化程度。

第二十条 项目预算一经批复，必须严格执行。确需调剂的，应当按规定报批。

由于研究内容或者研究计划作出重大调整等原因，确需增加或减少预算总额的，由依托学校审核同意后报教育部审批。

在项目预算总额不变的情况下，支出科目和金额确需调剂的，由项目负责人根据实际需要提出调剂申请，报依托学校审批。会议费/差旅费/国际合作与交流费、劳务费、专家咨询费预算一般不予调增，可以调减用于项目其他方面支出。如有特殊情况确需调增的，由项目负责人提出申请，经学校审核同意后，报教育部审批。间接费用原则上不得调剂。原项目预算未列示外拨资金，需要增列的，或者已列示的外拨资金确需调整的，由项目负责人提出申请，报依托学校审批。

第二十一条 项目依托学校应当严格执行国家有关资金支出管理制度。对应当实行“公务卡”结算的支出，按照公务卡结算的有关规定执行。专家咨询费、劳务费等支出，原则上应当通过银行转账方式结算，从严控制现金支出事项。

对于野外考察、数据采集等科研活动中无法取得发票或财政性票据的支出，在确保真实性的前提下，依托学校可按实际发生额予以报销。

第四章　决算管理

第二十二条　项目负责人应当按照规定编制项目资金年度决算。项目依托学校应将繁荣计划专项资金收支情况纳入单位年度决算统一编报。

第二十三条　项目完成后，项目负责人应当会同学校财务部门清理账目，据实编报项目决算，并附财务部门审核确认的项目资金收支明细账，与项目结项材料一并报送教育部。项目负责人和依托学校不得随意调账变动支出、随意修改记账凭证。

第二十四条　对于研究项目资金，项目在研期间，年度结转资金可以在下一年度继续使用。项目完成目标任务并通过验收后，结余资金可以用于项目最终成果出版及后续研究的直接支出，或由项目依托学校统筹安排用于科研活动的直接支出。若项目审核验收 2 年后结余资金仍有剩余的，应当按原渠道退回教育部。对于非研究项目资金和管理资金，按照财政部关于结转结余资金管理有关规定执行。

第二十五条　项目因故终止或被撤销，依托学校应当及时清理账目与资产，编制财务决算及资产清单，审核汇总后报送教育部。已拨资金或其剩余部分按原渠道退回教育部。

第二十六条　凡使用繁荣计划专项资金形成的固定资产、无形资产等均属国有资产，应当按照国有资产管理的有关规定执行。

第五章　监督检查与绩效管理

第二十七条　项目依托学校应当自觉接受审计、纪检监察等有关部门对繁荣计划建设项目预算执行、资金使用效益和财务管理等情况的监督检查。对于截留、挤占、挪用繁荣计划专项资金的行为，以及因管理不善导致资金浪费、资产毁损的，视情节轻重，分别采取通报批评、停止拨款、撤销项目、追回已拨资金、取消项目承担者一定期限内项目申报资格等处理措施，涉嫌违法的移交司法机关处理。

第二十八条 项目依托学校应当制定内部管理办法，明确审批程序和管理要求，落实项目预算调剂、间接费用统筹使用、劳务费分配管理、结转结余资金使用等自主权。

项目依托学校应当完善内部风险防控机制，加强预算审核把关，规范财务支出行为，强化资金使用绩效评价，保障资金使用安全规范有效。

项目依托学校应当实行内部公开制度，主动公开项目预算、预算调剂、决算、外拨资金、劳务费发放、间接费用、结余资金使用和研究成果等情况。

项目依托学校和项目负责人应当严格遵守国家财经纪律，依法依规使用项目资金，不得擅自调整外拨资金，不得利用虚假票据套取资金，不得通过编造虚假合同、虚构人员名单等方式虚报冒领劳务费和专家咨询费，不得随意调账变动支出、随意修改记账凭证、以表代账应付财务审计和检查。

第二十九条 加强繁荣计划专项资金项目绩效管理，建立健全全过程预算绩效管理机制。教育部在开展项目预算评审时，应对项目申请人设定的绩效目标进行审核，并将审核结果作为核定项目预算的重要参考因素。实施绩效目标执行监控，及时纠正绩效目标执行中的偏差，确保绩效目标如期实现。开展绩效评价，将评价结果作为今后资助的重要依据，建立项目资金使用和管理的信用机制、信息公开机制和责任追究机制，提高项目资金使用效益。

第三十条 违反本办法规定的，依照《中华人民共和国预算法》、《财政违法行为处罚处分条例》等国家有关法律制度规定处理。

第六章 附 则

第三十一条 本办法由财政部、教育部负责解释。

第三十二条 本办法自 2016 年 12 月 1 日起施行。

高等学校预防与处理学术不端行为办法

中华人民共和国教育部令

第40号

《高等学校预防与处理学术不端行为办法》已于2016年4月5日经教育部2016年第14次部长办公会议审议通过，现予发布，自2016年9月1日起施行。

中华人民共和国教育部

2016年6月16日

第一章 总 则

第一条 为有效预防和严肃查处高等学校发生的学术不端行为，维护学术诚信，促进学术创新和发展，根据《中华人民共和国高等教育法》《中华人民共和国科学技术进步法》《中华人民共和国学位条例》等法律法规，制定本办法。

第二条 本办法所称学术不端行为是指高等学校及其教学科研人员、管理人员和学生，在科学研究及相关活动中发生的违反公认的学术准则、违背学术诚信的行为。

第三条 高等学校预防与处理学术不端行为应坚持预防为主、教育与惩戒结合的原则。

第四条 教育部、国务院有关部门和省级教育部门负责制定高等学校学风建设的宏观政策，指导和监督高等学校学风建设工作，建立健全对所主管高等学校重大学术不端行为的处理机制，建立高校学术不端行为的通报与相关信息公开制度。

第五条 高等学校是学术不端行为预防与处理的主体。高等学校应当建设集教育、预防、监督、惩治于一体的学术诚信体系，建立由主要负责人领导的学风建设工作机制，明确职责分工；依据本办法完善本校学术不端行为预防与处理的规则与程序。

高等学校应当充分发挥学术委员会在学风建设方面的作用，支持和保障学术委员会依法履行职责，调查、认定学术不端行为。

第二章　教育与预防

第六条　高等学校应当完善学术治理体系，建立科学公正的学术评价和学术发展制度，营造鼓励创新、宽容失败、不骄不躁、风清气正的学术环境。

高等学校教学科研人员、管理人员、学生在科研活动中应当遵循实事求是的科学精神和严谨认真的治学态度，恪守学术诚信，遵循学术准则，尊重和保护他人知识产权等合法权益。

第七条　高等学校应当将学术规范和学术诚信教育，作为教师培训和学生教育的必要内容，以多种形式开展教育、培训。

教师对其指导的学生应当进行学术规范、学术诚信教育和指导，对学生公开发表论文、研究和撰写学位论文是否符合学术规范、学术诚信要求，进行必要的检查与审核。

第八条　高等学校应当利用信息技术等手段，建立对学术成果、学位论文所涉及内容的知识产权查询制度，健全学术规范监督机制。

第九条　高等学校应当建立健全科研管理制度，在合理期限内保存研究的原始数据和资料，保证科研档案和数据的真实性、完整性。

高等学校应当完善科研项目评审、学术成果鉴定程序，结合学科特点，对非涉密的科研项目申报材料、学术成果的基本信息以适当方式进行公开。

第十条　高等学校应当遵循学术研究规律，建立科学的学术水平考核评价标准、办法，引导教学科研人员和学生潜心研究，形成具有创新性、独创性的研究成果。

第十一条 高等学校应当建立教学科研人员学术诚信记录，在年度考核、职称评定、岗位聘用、课题立项、人才计划、评优奖励中强化学术诚信考核。

第三章 受理与调查

第十二条 高等学校应当明确具体部门，负责受理社会组织、个人对本校教学科研人员、管理人员及学生学术不端行为的举报；有条件的，可以设立专门岗位或者指定专人，负责学术诚信和不端行为举报相关事宜的咨询、受理、调查等工作。

第十三条 对学术不端行为的举报，一般应当以书面方式实名提出，并符合下列条件：

（一）有明确的举报对象；

（二）有实施学术不端行为的事实；

（三）有客观的证据材料或者查证线索。

以匿名方式举报，但事实清楚、证据充分或者线索明确的，高等学校应当视情况予以受理。

第十四条 高等学校对媒体公开报道、其他学术机构或者社会组织主动披露的涉及本校人员的学术不端行为，应当依据职权，主动进行调查处理。

第十五条 高等学校受理机构认为举报材料符合条件的，应当及时作出受理决定，并通知举报人。不予受理的，应当书面说明理由。

第十六条 学术不端行为举报受理后，应当交由学校学术委员会按照相关程序组织开展调查。

学术委员会可委托有关专家就举报内容的合理性、调查的可能性等进行初步审查，并作出是否进入正式调查的决定。

决定不进入正式调查的，应当告知举报人。举报人如有新的证据，可以提出异议。异议成立的，应当进入正式调查。

第十七条 高等学校学术委员会决定进入正式调查的，应当通知被举报人。

被调查行为涉及资助项目的，可以同时通知项目资助方。

第十八条 高等学校学术委员会应当组成调查组，负责对被举报行为进行调查；但对事实清楚、证据确凿、情节简单的被举报行为，也可以采用简易调查程序，具体办法由学术委员会确定。

调查组应当不少于3人，必要时应当包括学校纪检、监察机构指派的工作人员，可以邀请同行专家参与调查或者以咨询等方式提供学术判断。

被调查行为涉及资助项目的，可以邀请项目资助方委派相关专业人员参与调查组。

第十九条 调查组的组成人员与举报人或者被举报人有合作研究、亲属或者导师学生等直接利害关系的，应当回避。

第二十条 调查可通过查询资料、现场查看、实验检验、询问证人、询问举报人和被举报人等方式进行。调查组认为有必要的，可以委托无利害关系的专家或者第三方专业机构就有关事项进行独立调查或者验证。

第二十一条 调查组在调查过程中，应当认真听取被举报人的陈述、申辩，对有关事实、理由和证据进行核实；认为必要的，可以采取听证方式。

第二十二条 有关单位和个人应当为调查组开展工作提供必要的便利和协助。

举报人、被举报人、证人及其他有关人员应当如实回答询问，配合调查，提供相关证据材料，不得隐瞒或者提供虚假信息。

第二十三条 调查过程中，出现知识产权等争议引发的法律纠纷的，且该争议可能影响行为定性的，应当中止调查，待争议解决后重启调查。

第二十四条 调查组应当在查清事实的基础上形成调查报告。调查报告应当包括学术不端行为责任人的确认、调查过程、事实认定及理由、调查结论等。

学术不端行为由多人集体做出的，调查报告中应当区别各责任人在行为中所发挥的作用。

第二十五条 接触举报材料和参与调查处理的人员，不得向无关人员透露举报人、被举报人个人信息及调查情况。

第四章 认 定

第二十六条 高等学校学术委员会应当对调查组提交的调查报告进行审查；必要的，应当听取调查组的汇报。

学术委员会可以召开全体会议或者授权专门委员会对被调查行为是否构成学术不端行为以及行为的性质、情节等作出认定结论，并依职权作出处理或建议学校作出相应处理。

第二十七条 经调查，确认被举报人在科学研究及相关活动中有下列行为之一的，应当认定为构成学术不端行为：

（一）剽窃、抄袭、侵占他人学术成果；

（二）篡改他人研究成果；

（三）伪造科研数据、资料、文献、注释，或者捏造事实、编造虚假研究成果；

（四）未参加研究或创作而在研究成果、学术论文上署名，未经他人许可而不当使用他人署名，虚构合作者共同署名，或者多人共同完成研究而在成果中未注明他人工作、贡献；

（五）在申报课题、成果、奖励和职务评审评定、申请学位等过程中提供虚假学术信息；

（六）买卖论文、由他人代写或者为他人代写论文；

（七）其他根据高等学校或者有关学术组织、相关科研管理机构制定的规则，属于学术不端的行为。

第二十八条 有学术不端行为且有下列情形之一的，应当认定为情节严重：

（一）造成恶劣影响的；

（二）存在利益输送或者利益交换的；

（三）对举报人进行打击报复的；

（四）有组织实施学术不端行为的；

（五）多次实施学术不端行为的；

（六）其他造成严重后果或者恶劣影响的。

第五章 处 理

第二十九条 高等学校应当根据学术委员会的认定结论和处理建议，结合行为性质和情节轻重，依职权和规定程序对学术不端行为责任人作出如下处理：

（一）通报批评；

（二）终止或者撤销相关的科研项目，并在一定期限内取消申请资格；

（三）撤销学术奖励或者荣誉称号；

（四）辞退或解聘；

（五）法律、法规及规章规定的其他处理措施。

同时，可以依照有关规定，给予警告、记过、降低岗位等级或者撤职、开除等处分。

学术不端行为责任人获得有关部门、机构设立的科研项目、学术奖励或者荣誉称号等利益的，学校应当同时向有关主管部门提出处理建议。

学生有学术不端行为的，还应当按照学生管理的相关规定，给予相应的学籍处分。

学术不端行为与获得学位有直接关联的，由学位授予单位作暂缓授予学位、不授予学位或者依法撤销学位等处理。

第三十条 高等学校对学术不端行为作出处理决定，应当制作处理决定书，载明以下内容：

（一）责任人的基本情况；

（二）经查证的学术不端行为事实；

（三）处理意见和依据；

（四）救济途径和期限；

（五）其他必要内容。

第三十一条 经调查认定，不构成学术不端行为的，根据被举报人申请，高等学校应当通过一定方式为其消除影响、恢复名誉等。

调查处理过程中，发现举报人存在捏造事实、诬告陷害等行为的，应当认定为举报不实或者虚假举报，举报人应当承担相应责任。属于本单位人员的，高等学校应当按照有关规定给予处理；不属于本单位人员的，应通报其所在单位，并提出处理建议。

第三十二条 参与举报受理、调查和处理的人员违反保密等规定，造成不良影响的，按照有关规定给予处分或其他处理。

第六章 复 核

第三十三条 举报人或者学术不端行为责任人对处理决定不服的，可以在收到处理决定之日起 30 日内，以书面形式向高等学校提出异议或者复核申请。

异议和复核不影响处理决定的执行。

第三十四条 高等学校收到异议或者复核申请后，应当交由学术委员会组织讨论，并于 15 日内作出是否受理的决定。

决定受理的，学校或者学术委员会可以另行组织调查组或者委托第三方机构进行调查；决定不予受理的，应当书面通知当事人。

第三十五条 当事人对复核决定不服，仍以同一事实和理由提

出异议或者申请复核的，不予受理；向有关主管部门提出申诉的，按照相关规定执行

第七章　监　督

第三十六条　高等学校应当按年度发布学风建设工作报告，并向社会公开，接受社会监督。

第三十七条　高等学校处理学术不端行为推诿塞责、隐瞒包庇、查处不力的，主管部门可以直接组织或者委托相关机构查处。

第三十八条　高等学校对本校发生的学术不端行为，未能及时查处并做出公正结论，造成恶劣影响的，主管部门应当追究相关领导的责任，并进行通报。

高等学校为获得相关利益，有组织实施学术不端行为的，主管部门调查确认后，应当撤销高等学校由此获得的相关权利、项目以及其他利益，并追究学校主要负责人、直接负责人的责任。

第八章　附　则

第三十九条　高等学校应当根据本办法，结合学校实际和学科特点，制定本校学术不端行为查处规则及处理办法，明确各类学术不端行为的惩处标准。有关规则应当经学校学术委员会和教职工代表大会讨论通过。

第四十条　高等学校主管部门对直接受理的学术不端案件，可自行组织调查组或者指定、委托高等学校、有关机构组织调查、认定。对学术不端行为责任人的处理，根据本办法及国家有关规定执行。

教育系统所属科研机构及其他单位有关人员学术不端行为的调查与处理，可参照本办法执行。

第四十一条　本办法自 2016 年 9 月 1 日起施行。

教育部此前发布的有关规章、文件中的相关规定与本办法不一致的，以本办法为准。

职业学校学生实习管理规定

教育部等五部门关于印发
《职业学校学生实习管理规定》的通知
教职成〔2016〕3号

各省、自治区、直辖市教育厅（教委）、财政厅（局）、人力资源社会保障厅（局）、安全生产监督管理局、保监局，各计划单列市教育局、财政局、人力资源社会保障局、安全生产监督管理局、保监局，新疆生产建设兵团教育局、财务局、人力资源社会保障局、安全生产监督管理局：

为贯彻落实全国职业教育工作会议精神，规范职业学校学生实习工作，维护学生、学校和实习单位的合法权益，提高技术技能人才培养质量，教育部、财政部、人力资源社会保障部、国家安全监管总局、中国保监会研究制定了《职业学校学生实习管理规定》，现印发给你们，请遵照执行。

教育部　财政部
人力资源社会保障部
安全监管总局
中国保监会
2016年4月11日

第一章　总　则

第一条　为规范和加强职业学校学生实习工作，维护学生、学校和实习单位的合法权益，提高技术技能人才培养质量，增强学生社会责任感、创新精神和实践能力，更好服务产业转型升级需要，依据《中华人民共和国教育法》《中华人民共和国职业教育法》《中华人民共和国劳动法》《中华人民共和国安全生产法》《中华人民共和国未成年人保护法》《中华人民共和国职业病防治法》及相关法律法规、规章，制定本规定。

第二条 本规定所指职业学校学生实习，是指实施全日制学历教育的中等职业学校和高等职业学校学生（以下简称职业学校）按照专业培养目标要求和人才培养方案安排，由职业学校安排或者经职业学校批准自行到企（事）业等单位（以下简称实习单位）进行专业技能培养的实践性教育教学活动，包括认识实习、跟岗实习和顶岗实习等形式。

认识实习是指学生由职业学校组织到实习单位参观、观摩和体验，形成对实习单位和相关岗位的初步认识的活动。

跟岗实习是指不具有独立操作能力、不能完全适应实习岗位要求的学生，由职业学校组织到实习单位的相应岗位，在专业人员指导下部分参与实际辅助工作的活动。

顶岗实习是指初步具备实践岗位独立工作能力的学生，到相应实习岗位，相对独立参与实际工作的活动。

第三条 职业学校学生实习是实现职业教育培养目标，增强学生综合能力的基本环节，是教育教学的核心部分，应当科学组织、依法实施，遵循学生成长规律和职业能力形成规律，保护学生合法权益；应当坚持理论与实践相结合，强化校企协同育人，将职业精神养成教育贯穿学生实习全过程，促进职业技能与职业精神高度融合，服务学生全面发展，提高技术技能人才培养质量和就业创业能力。

第四条 地方各级人民政府相关部门应高度重视职业学校学生实习工作，切实承担责任，结合本地实际制定具体措施鼓励企（事）业等单位接收职业学校学生实习。

第二章　实习组织

第五条　教育行政部门负责统筹指导职业学校学生实习工作；职业学校主管部门负责职业学校实习的监督管理。职业学校应将学生跟岗实习、顶岗实习情况报主管部门备案。

第六条　职业学校应当选择合法经营、管理规范、实习设备完备、符合安全生产法律法规要求的实习单位安排学生实习。在确定实习单位前，职业学校应进行实地考察评估并形成书面报告，考察内容应包括：单位资质、诚信状况、管理水平、实习岗位性质和内容、工作时间、工作环境、生活环境以及健康保障、安全防护等方面。

第七条　职业学校应当会同实习单位共同组织实施学生实习。

实习开始前，职业学校应当根据专业人才培养方案，与实习单位共同制订实习计划，明确实习目标、实习任务、必要的实习准备、考核标准等；并开展培训，使学生了解各实习阶段的学习目标、任务和考核标准。

职业学校和实习单位应当分别选派经验丰富、业务素质好、责任心强、安全防范意识高的实习指导教师和专门人员全程指导、共同管理学生实习。

实习岗位应符合专业培养目标要求，与学生所学专业对口或相近。

第八条　学生经本人申请，职业学校同意，可以自行选择顶岗实习单位。对自行选择顶岗实习单位的学生，实习单位应安排专门人员指导学生实习，学生所在职业学校要安排实习指导教师跟踪了解实习情况。

认识实习、跟岗实习由职业学校安排，学生不得自行选择。

第九条　实习单位应当合理确定顶岗实习学生占在岗人数的比例，顶岗实习学生的人数不超过实习单位在岗职工总数的10%，在具体岗位顶岗实习的学生人数不高于同类岗位在岗职工总人数的20%。

任何单位或部门不得干预职业学校正常安排和实施实习计划，不得强制职业学校安排学生到指定单位实习。

第十条 学生在实习单位的实习时间根据专业人才培养方案确定，顶岗实习一般为6个月。支持鼓励职业学校和实习单位合作探索工学交替、多学期、分段式等多种形式的实践性教学改革。

第三章 实习管理

第十一条 职业学校应当会同实习单位制定学生实习工作具体管理办法和安全管理规定、实习学生安全及突发事件应急预案等制度性文件。

职业学校应对实习工作和学生实习过程进行监管。鼓励有条件的职业学校充分运用现代信息技术，构建实习信息化管理平台，与实习单位共同加强实习过程管理。

第十二条 学生参加跟岗实习、顶岗实习前，职业学校、实习单位、学生三方应签订实习协议。协议文本由当事方各执一份。

未按规定签订实习协议的，不得安排学生实习。

认识实习按照一般校外活动有关规定进行管理。

第十三条 实习协议应明确各方的责任、权利和义务，协议约定的内容不得违反相关法律法规。

实习协议应包括但不限于以下内容：

（一）各方基本信息；

（二）实习的时间、地点、内容、要求与条件保障；

（三）实习期间的食宿和休假安排；

（四）实习期间劳动保护和劳动安全、卫生、职业病危害防护条件；

（五）责任保险与伤亡事故处理办法，对不属于保险赔付范围或者超出保险赔付额度部分的约定责任；

（六）实习考核方式；

（七）违约责任；

（八）其他事项。

顶岗实习的实习协议内容还应当包括实习报酬及支付方式。

第十四条 未满18周岁的学生参加跟岗实习、顶岗实习，应取得学生监护人签字的知情同意书。

学生自行选择实习单位的顶岗实习，学生应在实习前将实习协议提交所在职业学校，未满18周岁学生还需要提交监护人签字的知情同意书。

第十五条 职业学校和实习单位要依法保障实习学生的基本权利，并不得有下列情形：

（一）安排、接收一年级在校学生顶岗实习；

（二）安排未满16周岁的学生跟岗实习、顶岗实习；

（三）安排未成年学生从事《未成年工特殊保护规定》中禁忌从事的劳动；

（四）安排实习的女学生从事《女职工劳动保护特别规定》中禁忌从事的劳动；

（五）安排学生到酒吧、夜总会、歌厅、洗浴中心等营业性娱乐场所实习；

（六）通过中介机构或有偿代理组织、安排和管理学生实习工作。

第十六条 除相关专业和实习岗位有特殊要求，并报上级主管部门备案的实习安排外，学生跟岗和顶岗实习期间，实习单位应遵守国家关于工作时间和休息休假的规定，并不得有以下情形：

（一）安排学生从事高空、井下、放射性、有毒、易燃易爆，以及其他具有较高安全风险的实习；

（二）安排学生在法定节假日实习；

（三）安排学生加班和夜班。

第十七条 接收学生顶岗实习的实习单位，应参考本单位相同岗位的报酬标准和顶岗实习学生的工作量、工作强度、工作时间等因素，合理确定顶岗实习报酬，原则上不低于本单位相同岗位试用期工资标准的80%，并按照实习协议约定，以货币形式及时、足额支付给学生。

第十八条 实习单位因接收学生实习所实际发生的与取得收入有关的、合理的支出，按现行税收法律规定在计算应纳税所得额时扣除。

第十九条 职业学校和实习单位不得向学生收取实习押金、顶岗实习报酬提成、管理费或者其他形式的实习费用，不得扣押学生的居民身份证，不得要求学生提供担保或者以其他名义收取学生财物。

第二十条 实习学生应遵守职业学校的实习要求和实习单位的规章制度、实习纪律及实习协议，爱护实习单位设施设备，完成规定的实习任务，撰写实习日志，并在实习结束时提交实习报告。

第二十一条 职业学校要和实习单位相配合，建立学生实习信息通报制度，在学生实习全过程中，加强安全生产、职业道德、职业精神等方面的教育。

第二十二条 职业学校安排的实习指导教师和实习单位指定的专人应负责学生实习期间的业务指导和日常巡视工作，定期检查并向职业学校和实习单位报告学生实习情况，及时处理实习中出现的有关问题，并做好记录。

第二十三条 职业学校组织学生到外地实习，应当安排学生统一住宿；具备条件的实习单位应为实习学生提供统一住宿。职业学校和实习单位要建立实习学生住宿制度和请销假制度。学生申请在统一安排的宿舍以外住宿的，须经学生监护人签字同意，由职业学校备案后方可办理。

第二十四条 鼓励职业学校依法组织学生赴国（境）外实习。安排学生赴国（境）外实习的，应当根据需要通过国家驻外有关机构了解实习环境、实习单位和实习内容等情况，必要时可派人实地考察。要选派指导教师全程参与，做好实习期间的管理和相关服务工作。

第二十五条 鼓励各地职业学校主管部门建立学生实习综合服务平台，协调相关职能部门、行业企业、有关社会组织，为学生实习提供信息服务。

第二十六条 对违反本规定组织学生实习的职业学校，由职业学校主管部门责令改正。拒不改正的，对直接负责的主管人员和其他直接责任人依照有关规定给予处分。因工作失误造成重大事故的，应依法依规对相关责任人追究责任。

对违反本规定中相关条款和违反实习协议的实习单位，职业学校可根据情况调整实习安排，并根据实习协议要求实习单位承担相关责任。

第二十七条 对违反本规定安排、介绍或者接收未满 16 周岁学生跟岗实习、顶岗实习的，由人力资源社会保障行政部门依照《禁止使用童工规定》进行查处；构成犯罪的，依法追究刑事责任。

第四章 实习考核

第二十八条 职业学校要建立以育人为目标的实习考核评价制度，学生跟岗实习和顶岗实习，职业学校要会同实习单位根据学生实习岗位职责要求制订具体考核方式和标准，实施考核工作。

第二十九条 跟岗实习和顶岗实习的考核结果应当记入实习学生学业成绩，考核结果分优秀、良好、合格和不合格四个等次，考核合格以上等次的学生获得学分，并纳入学籍档案。实习考核不合格者，不予毕业。

第三十条 职业学校应当会同实习单位对违反规章制度、实习纪律以及实习协议的学生，进行批评教育。学生违规情节严重的，经双方研究后，由职业学校给予纪律处分；给实习单位造成财产损失的，应当依法予以赔偿。

第三十一条 职业学校应组织做好学生实习情况的立卷归档工作。实习材料包括：（1）实习协议；（2）实习计划；（3）学生实习报告；（4）学生实习考核结果；（5）实习日志；（6）实习检查记录等；（7）实习总结。

第五章 安全职责

第三十二条 职业学校和实习单位要确立安全第一的原则，严格执行国家及地方安全生产和职业卫生有关规定。职业学校主管部门应会同相关部门加强实习安全监督检查。

第三十三条 实习单位应当健全本单位生产安全责任制，执行相关安全生产标准，健全安全生产规章制度和操作规程，制定生产安全事故应急救援预案，配备必要的安全保障器材和劳动防护用品，加强对实习学生的安全生产教育培训和管理，保障学生实习期间的人身安全和健康。

第三十四条 实习单位应当会同职业学校对实习学生进行安全防护知识、岗位操作规程教育和培训并进行考核。未经教育培训和未通过考核的学生不得参加实习。

第三十五条 推动建立学生实习强制保险制度。职业学校和实习单位应根据国家有关规定，为实习学生投保实习责任保险。责任保险范围应覆盖实习活动的全过程，包括学生实习期间遭受意外事故及由于被保险人疏忽或过失导致的学生人身伤亡，被保险人依法应承担的责任，以及相关法律费用等。

学生实习责任保险的经费可从职业学校学费中列支；免除学费的可从免学费补助资金中列支，不得向学生另行收取或从学生实习报酬中抵扣。职业学校与实习单位达成协议由实习单位支付投保经费的，实习单位支付的学生实习责任保险费可从实习单位成本（费用）中列支。

第三十六条 学生在实习期间受到人身伤害，属于实习责任保险赔付范围的，由承保保险公司按保险合同赔付标准进行赔付。不属于保险赔付范围或者超出保险赔付额度的部分，由实习单位、职业学校及学生按照实习协议约定承担责任。职业学校和实习单位应当妥善做好救治和善后工作。

第六章 附 则

第三十七条 各省、自治区、直辖市教育行政部门应会同人力资源社会保障等相关部门依据本规定，结合本地区实际制定实施细则或相应的管理制度。

第三十八条 非全日制职业教育、高中后中等职业教育学生实习参照本规定执行。

第三十九条 本规定自发布之日起施行，《中等职业学校学生实习管理办法》（教职成〔2007〕4号）同时废止。

普通高等学校图书馆规程

教育部关于印发《普通高等学校图书馆规程》的通知

教高〔2015〕14号

各省、自治区、直辖市教育厅（教委），新疆生产建设兵团教育局，有关部门（单位）教育司（局），部属各高等学校：

为适应高等学校图书馆事业发展需要，更好地指导和规范高等学校图书馆工作，我部对2002年发布的《普通高等学校图书馆规程（修订）》进行了修订。现将修订后的《普通高等学校图书馆规程》印发给你们，请遵照执行。

中华人民共和国教育部

2015年12月31日

第一章　总　则

第一条　为促进高等学校图书馆的建设和发展，指导和规范高等学校图书馆工作，依据《中华人民共和国教育法》《中华人民共和国高等教育法》及相关规定，制定本规程。

第二条　高等学校图书馆（以下简称“图书馆”）是学校的文献信息资源中心，是为人才培养和科学研究服务的学术性机构，是学校信息化建设的重要组成部分，是校园文化和社会文化建设的重要基地。图书馆的建设和发展应与学校的建设和发展相适应，其水平是学校总体水平的重要标志。

第三条　图书馆的主要职能是教育职能和信息服务职能。图书馆应充分发挥在学校人才培养、科学研究、社会服务和文化传承创新中的作用。

第四条 图书馆的主要任务是：

（一）建设全校的文献信息资源体系，为教学、科研和学科建设提供文献信息保障；

（二）建立健全全校的文献信息服务体系，方便全校师生获取各类信息；

（三）不断拓展和深化服务，积极参与学校人才培养、信息化建设和校园文化建设；

（四）积极参与各种资源共建共享，发挥信息资源优势和专业服务优势，为社会服务。

第二章 体制和机构

第五条 高等学校应由一名校级领导分管图书馆工作。图书馆在学校授权范围内实行馆长负责制。学校在重大建设和发展事项的决策过程中，对于涉及文献信息保障方面的工作，应吸收图书馆馆长参与或听取其意见。

第六条 高等学校应根据图书馆实际工作需要设置图书馆内部组织机构和岗位，明确各组织机构和岗位的职责。

第七条 高等学校可根据学校校区分布或学科分布设立相应的总图书馆、校区分馆、学科分馆和院（系、所）分馆（资料室），分馆（资料室）受总图书馆领导或业务指导，面向全校开放。

第八条 高等学校可根据需要设立图书馆工作委员会，作为全校图书馆工作的咨询和协调机构。

图书馆工作委员会由学校相关职能部门负责人、教师和学生代表组成。学校主管图书馆工作的校领导担任主任委员，图书馆馆长担任副主任委员。

图书馆工作委员会应定期召开会议，听取图书馆工作报告，讨论全校文献信息工作中的重大事项，反映师生的意见和要求，向学校和图书馆提出改进工作的建议。

第三章　工作人员

第九条　图书馆工作人员应恪守职业道德，遵守行业规范，认真履行岗位职责。

第十条　图书馆设馆长一名、副馆长若干名。

图书馆馆长应设置为专业技术岗位，原则上应由具有高级专业技术职务者担任，并应保持适当的稳定性。

馆长主持全馆工作，组织制订和贯彻实施图书馆发展规划、规章制度、工作计划、队伍建设方案及经费预算。副馆长协助馆长负责或分管相应工作。

第十一条　高等学校应根据发展目标、师生规模和图书馆的工作任务，确定图书馆工作人员编制。

图书馆馆员包括专业馆员和辅助馆员，专业馆员的数量应不低于馆员总数的50%。专业馆员一般应具有硕士研究生及以上层次学历或高级专业技术职务，并经过图书馆学专业教育或系统培训。辅助馆员一般应具有高等教育专科及以上层次学历，具体聘用条件根据工作岗位的要求和学校的人事管理制度确定。

第十二条　高等学校新聘用图书馆工作人员，按照规定应当面向社会公开招聘的，按照规定执行。

图书馆工作人员按照国家有关规定，实行专业技术职务聘任制和岗位聘任制，享受相应待遇。

第十三条　高等学校应将图书馆专业馆员培养纳入学校的人才培养计划，重视培养高层次的专家和学术带头人。鼓励图书馆工作人员通过在职学习和进修，提高知识水平和业务技能。

第十四条　高等学校对于在图书馆从事特种工作的人员，按国家规定给予相应的劳保待遇。

第十五条 高等学校应根据图书馆工作特点，制定考核办法，定期对工作人员进行考核，考核结果作为调整工作人员岗位、工资以及续订聘用合同等依据。

第四章 经费、馆舍、设备

第十六条 高等学校应保证图书馆正常运行和持续发展所必需的经费和物质条件。

图书馆应注重办馆效益，科学合理地使用经费。

高等学校应鼓励社会组织和个人依法积极向图书馆进行捐赠和资助。

第十七条 高等学校要把图书馆的经费列入学校预算，并根据发展需要逐年增加。

图书馆的经费包括文献信息资源购置费、运行费和专项建设费。运行费主要包括设备设施维护费、办公费等。

第十八条 图书馆的文献信息资源购置费应与学校教学和科学研究的需要相适应，馆藏文献信息资源总量和纸质文献信息资源的年购置量应不低于国家有关规定。全校文献信息资源购置费应由图书馆统筹协调、合理使用。

第十九条 高等学校应按照国家有关法规和标准，建造独立专用的图书馆馆舍。馆舍应充分考虑学校发展规模，适应现代化管理的需要，满足图书馆的功能需求，节能环保，并具有空间调整的灵活性。

馆舍建筑面积和馆内各类用房面积须达到国家规定的校舍规划面积定额标准。

第二十条 高等学校应有计划地为图书馆配备服务和办公所需的各种家具、设备和用品，重视自动化、网络化、数字化等现代信息基础设施建设。

第二十一条 高等学校应做好图书馆馆舍、设备的维护维修，根据需要持续改善图书馆的服务设施，重视图书馆内外环境的美化绿化，落实防火、防水、防潮、防虫等防护措施。

第五章　文献信息资源建设

第二十二条　图书馆应根据学校人才培养、科学研究和学科建设的需要，以及馆藏基础和资源共建共享的要求，制订文献信息资源发展规划和实施方案。

第二十三条　图书馆在文献信息资源建设中应统筹纸质资源、数字资源和其他载体资源；保持重要文献、特色资源的完整性与连续性；注重收藏本校以及与本校有关的各类型载体的教学、科研资料与成果；寻访和接受社会捐赠；形成具有本校特色的文献信息资源体系。

第二十四条　图书馆应积极参与国内外文献信息资源建设的馆际协作，实现资源共建共享。

第二十五条　图书馆应根据国家和行业的相关标准规范，对采集的信息资源进行科学的加工整序，建立完善的信息检索系统。

第二十六条　图书馆应合理组织馆藏纸质资源，便于用户获取和利用；应加强文献保护与修复，保证文献资源的长期使用。

第二十七条　图书馆应注重建设数字信息资源管理和服务系统，参与校园信息化建设和学校学术资源的数字化工作，建立数字信息资源的长期保存机制，保障信息安全。

第六章　服　务

第二十八条　图书馆应坚持以人为本的服务理念，保护用户合法、平等地利用图书馆的权利，健全服务体系，创新服务模式，提高服务效益和用户满意度。

第二十九条　图书馆在学校教学时间内开馆每周应不低于 90 小时，假期也应有必要的开放时间，有条件的学校可以根据实际需要全天开放；网上资源的服务应做到全天 24 小时开放。

第三十条 图书馆应不断提高文献服务水平，采用现代化技术改进服务方式，优化服务空间，注重用户体验，提高馆藏利用率和服务效率。

图书馆应积极拓展信息服务领域，提供数字信息服务，嵌入教学和科研过程，开展学科化服务，根据需求积极探索开展新服务。

第三十一条 图书馆应全面参与学校人才培养工作，充分发挥第二课堂的作用，采取多种形式提高学生综合素质。

图书馆应重视开展信息素质教育，采用现代教育技术，加强信息素质课程体系建设，完善和创新新生培训、专题讲座的形式和内容。

第三十二条 图书馆应积极参与校园文化建设，积极采用新媒体，开展阅读推广等文化活动。

第三十三条 图书馆应制定相关规章制度，引导用户遵守法律法规和公共道德，尊重和保护知识产权，爱护馆藏文献及设施设备，维护网络信息安全。

第三十四条 图书馆应为学生提供社会实践的条件，设置学生参与图书馆管理与服务的岗位，支持与图书馆有关的学生社团和志愿者的活动。

第三十五条 图书馆应通过加强无障碍环境建设等，为残障人士等特殊用户利用图书馆提供便利。

第三十六条 图书馆应加强各馆之间以及与其他类型图书馆之间的协作，开展馆际互借和文献传递、联合参考咨询等共享服务。

第三十七条 图书馆应在保证校内服务和正常工作秩序的前提下，发挥资源和专业服务的优势，开展面向社会用户的服务。

第七章 管 理

第三十八条 高等学校应秉持改革与创新的理念，确定图书馆办馆宗旨。

图书馆应根据学校发展目标制订图书馆发展规划，建立健全各项规章制度。

第三十九条 高等学校应推动图书馆严格遵循相关的专业标准，不断完善业务规范和考核办法，改进和优化业务管理。

第四十条 高等学校应支持图书馆有计划地开展学术研究，组织和参与国内外学术交流活动，发表研究成果。支持图书馆积极参加专业学术团体，按国家有关规定申请加入国际学术组织。

图书馆应鼓励馆员申报各级各类科研项目，有条件的可根据需要自行设立科研课题。

第四十一条 图书馆应注重统计工作，如实填报各类统计数据，做好统计数据的保存和分析。

第四十二条 图书馆应建立文书和档案管理制度，制订管理规范，妥善收集、整理和保存文书档案资料。

第四十三条 图书馆应重视馆藏文献等资产的管理，建立完整的资产账目和管理制度。

第四十四条 高等学校应重视图书馆公共安全管理，采取多种防护措施，制订突发事件应急预案，保护人身安全。

第四十五条 高等学校应鼓励图书馆积极开展业务评估评价活动，不断提高办馆效益和水平。

第八章　附　则

第四十六条 本规程适用于全日制普通高等学校。各高等学校可依据本规程并结合学校的办学层次、学校性质、学科特点、学校规模、所在地区等具体因素，制订本校图书馆的工作规定和实施细则。

第四十七条 教育部高等学校图书情报工作指导性专家组织可根据本规程制订各类型高等学校图书馆的建设与服务方面具体规定，指导各类型高等学校图书馆的发展和评估评价工作。

第四十八条 本规程自发布之日起施行。原《普通高等学校图书馆规程（修订）》（教高〔2002〕3号）同时废止。

附　录

关于加强校园不良网络借贷风险防范和教育引导工作的通知

教思政厅函〔2016〕15号

各省、自治区、直辖市党委教育工作部门、教育厅（教委），各银监局，新疆生产建设兵团教育局，部属各高等学校党委：

随着网络借贷的快速发展，一些P2P网络借贷平台不断向高校拓展业务，部分不良网络借贷平台采取虚假宣传的方式和降低贷款门槛、隐瞒实际资费标准等手段，诱导学生过度消费，甚至陷入“高利贷”陷阱，侵犯学生合法权益，造成不良影响。为加强对校园不良网络借贷平台的监管和整治，教育和引导学生树立正确的消费观念，现就有关事项通知如下：

一、加大不良网络借贷监管力度

建立校园不良网络借贷日常监测机制。高校宣传、财务、网络、保卫等部门和地方人民政府金融监管部门、各银监局等部门要密切关注网络借贷业务在校园内拓展情况，高校辅导员、班主任、学生骨干队伍要密切关注学生异常消费行为，及时发现学生在消费中存在的问题。地方金融办（局）要对网络借贷信息中介机构开展虚假片面宣传或促销活动、误导出借人或借款人的行为进行密切跟踪，针对网络借贷信息中介机构向不具备还款能力的大学生群体开展营销宣传活动、对借款人资格审查失职失当等行为加强监管和风险提示。建立校园不良网络借贷实时预警机制。及时发现校园不良网络借贷苗头性、倾向性、普遍性问题，及时分析评估校园不良网络借贷潜在的风险，及时以电话、短信、网络、橱窗、校园广播等多种形式向学生发布预警提示信息。建立校园不良网络借贷应对处置机制。制定完善各项应对处置预案，对侵犯学生合法权益、存在安全风险隐患、未经学校批准在校园内宣传推广信贷业务的不良网络借贷平台和个人，第一时间报请地方人民政府金融监管部门、各银监局、公安、网信、工信等部门依法处置。

二、加大学生消费观教育力度

教育引导学生树立文明的消费观。加强社会主义核心价值观学习教育，深入开展“三爱”“三节”等主题教育活动，培养选树勤俭节约、自立自强方面的先进典型，营造崇尚节约的校园文化环境，帮助学生养成文明、健康的消费习惯。教育引导学生树立理性的消费观。关心关注学生消费心理，纠正学生超前消费、过度消费和从众消费等错误观念。在生活消费、人际消费、娱乐消费等方面，教育学生不盲从、不攀比、不炫耀，引导学生合理消费、理性消费、适度消费。教育引导学生树立科学的消费观。帮助学生科学制定消费计划，结合实际，量入为出。加强与家长的沟通与联系，合理支持、适当控制学生的消费支出。鼓励学生利用业余时间开展勤工俭学，通过诚实合法劳动创造财富，培养节俭自立意识。

三、加大金融、网络安全知识普及力度

大力普及金融、网络安全知识。通过开设金融学、网络安全学等相关公共基础课或选修课，邀请金融机构、监管机构、网信安全等部门专业人员在校内开展金融、网络安全知识普及教育，帮助学生了解金融行业发展前沿动态，掌握逾期滞纳金、违约金、单利与复利等基本金融常识。切实增强学生金融、网络安全防范意识。利用校园网站、微信平台、校园广播等多种渠道向学生推送校园不良网络借贷典型案例。在重要节庆日、购物狂欢日等时间节点，开展金融、网络安全宣讲活动，强化学生对网络借贷风险的理解和认识，帮助学生增强金融、网络安全防范意识。帮助学生提升金融理财实践能力。加强与银监、公安等政府部门和银行、证券等金融机构的合作，积极开展调查研究、志愿服务等社会实践活动，帮助学生增强对有害网络借贷业务甄别、抵制能力。鼓励和支持金融理财类学生社团建设，举办模拟投资大赛等活动，提高学生金融理财实践能力。

四、加大学生资助信贷体系建设力度

加强对学生资助工作的科学管理和制度支撑，切实提高学生资助工作水平，保障国家各项资助政策落到实处，满足家庭经济困难学生学费、生活费等保障性需求。充分挖掘校内外资源，筹集专项基金，作为国家资助政策体系的有益补充，建立健全既有共性需求、又能体现个体差异的资助模式，满足学生拓展学习、创新创业等发展性需求。与金融机构合作，积极探索建设和发展校园社区银行，为学生提供渠道畅通、手续便捷、利率合理的金融借贷服务，满足学生临时性需求。

各地各高校要按照通知要求，加强组织领导，抓好工作统筹，做好本地本校工作分层对接和具体落实，及时将工作中发现的问题和相关经验做法报送教育部、中国银监会。

教育部办公厅

中国银行业监督管理委员会办公厅

2016 年 4 月 13 日

中国银监会　教育部　人力资源社会保障部关于进一步加强校园贷规范管理工作的通知

银监发〔2017〕26号

各银监局，各省、自治区、直辖市及新疆生产建设兵团教育厅（局、教委）、金融办（局）、人力资源社会保障厅（局），各政策性银行、大型银行、股份制银行，邮储银行，中央所属各高等院校：

银监会 教育部等六部委《关于进一步加强校园网贷整治工作的通知》（银监发〔2016〕47号，以下简称银监发47号文）印发以来，各地加大对网络借贷信息中介机构（以下简称网贷机构）校园网贷业务的清理整顿，取得了初步成效。但部分地区仍存在校园贷乱象，特别是一些非网贷机构针对在校学生开展借贷业务，突破了校园网贷的范畴和底线，一些地方“求职贷”“培训贷”“创业贷”等不良借贷问题突出，给校园安全和学生合法权益带来严重损害，造成了不良社会影响。为进一步加大校园贷监管整治力度，从源头上治理乱象，防范和化解校园贷风险，现就加强校园贷规范管理工作通知如下：

一、疏堵结合，维护校园贷正常秩序

为满足大学生在消费、创业、培训等方面合理的信贷资金和金融服务需求，净化校园金融市场环境，使校园贷回归良性发展，商业银行和政策性银行应在风险可控的前提下，有针对性地开发高校助学、培训、消费、创业等金融产品，向大学生提供定制化、规范化的金融服务，合理设置信贷额度和利率，提高大学生校园贷服务质效，畅通正规、阳光的校园信贷服务渠道。开展校园贷的银行应制定完善的校园信贷风险管理制度，建立风险预警机制，加强贷前调查评估，认真审核评定贷款大学生资质，重视贷后管理监督，确保资金流向符合合同规定。如发现贷款大学生存在资料造假等欺骗行为，应提前收回贷款。银行应及时掌握贷款大学生资金流动状况和信用评分变化情况，评估其还款能力，采取应对措施，确保风险可控。

针对当前各类放贷主体进入校园贷市场，缺乏相应制度和监管约束，以及放贷主体自身风险控制机制缺失等问题，为切实规范校园贷管理，杜绝校园贷欺诈、高利贷和暴力催收等行为，未经银行业监督管理部门批准设立的机构不得进入校园为大学生提供信贷服务。

二、整治乱象，暂停网贷机构开展校园网贷业务

各地金融办（局）和银监局要在前期对网贷机构开展校园网贷业务整治的基础上，协同相关部门进一步加大整治力度，杜绝网贷机构发生高利放贷、暴力催收等严重危害大学生安全的行为。现阶段，一律暂停网贷机构开展在校大学生网贷业务，逐步消化存量业务。要督促网贷机构按照分类处置工作要求，对于存量校园网贷业务，根据违法违规情节轻重、业务规模等状况，制定整改计划，确定整改完成期限，明确退出时间表。要督促网贷机构按期完成业务整改，主动下线校园网贷相关业务产品，暂停发布新的校园网贷业务标的，有序清退校园网贷业务待还余额。对拒不整改或超期未完成整改的，要暂停其开展网贷业务，依法依规予以关闭或取缔，对涉嫌恶意欺诈、暴力催收、制作贩卖传播淫秽物品等严重违法违规行为的，移交公安、司法机关依法追究刑事责任。

三、综合施策，切实加强大学生教育管理

各高校要把校园贷风险防范和综合整治工作作为当前维护学校安全稳定的重大工作来抓，完善工作机制，建立党委负总责、有关部门各负其责的管控体系，切实担负起教育管理学生的主体责任。一是加强教育引导。积极开展常态化、丰富多彩的消费观、金融理

财知识及法律法规常识教育，培养学生理性消费、科学消费、勤俭节约、自我保护等意识。现阶段，应向每一名学生发放校园贷风险告知书并签字确认，每学期至少集中开展一次校园贷专项宣传教育活动，加强典型案例通报警示教育，让学生深刻认识不良校园贷危害，提醒学生远离不良校园贷。二是建立排查整治机制。开展校园贷集中排查，加强校园秩序管理。未经校方批准，严禁任何人、任何组织在校园内进行各种校园贷业务宣传和推介，及时清理各类借贷小广告。畅通不良校园贷举报渠道，鼓励教职员工和学生对发现的不良校园贷线索进行举报。对未经校方批准在校宣传推介、组织引导学生参与校园贷或利用学生身份证件办理不良校园贷的教职工或在校学生，要依规依纪严肃查处。三是建立应急处置机制。对于发现的学生参与不良校园贷事件要及时告知学生家长，并会同学生家长及有关方面做好应急处置工作，将危害消灭在初始状态。同时，对发现的重大事件要及时报告当地金融监管部门、公安部门、教育主管部门。四是切实做好学生资助工作。帮助每一名家庭经济困难学生解决好学费、住宿费和基本生活费等方面困难。五是建立不良校园贷责任追究机制。对校内有关部门和院系开展校园贷教育、警示、排查、处置等情况进行定期检查，凡责任落实不到位的，要追究有关部门、院系和相关人员责任。对因校园贷引发恶性事件或造成重大案件的，教育主管部门要倒查倒追有关高校及相关责任人，发现未开展宣传教育、风险警示、排查处置等工作的，予以严肃处理。

四、分工负责，共同促进校园贷健康发展

各部门要高度重视校园贷规范管理工作，明确分工，压实职责，加强信息共享，形成监管合力。各地金融办（局）和银监局要加强引导，鼓励合规机构积极进入校园，为大学生提供合法合规的信贷服务。要制定正负面清单，明确校园贷市场参与机构。要积极配合教育主管部门开展金融消费者教育保护和宣传工作。要加强信息共享与经验交流，以案说法，务求整治实效。各地教育主管部门、各高校要切实采取有效措施，做好本地本校工作分层对接和具体落实，筑好防范违规放贷机构进入校园的“防火墙”，加强风险警示、教育引导和校园管理工作。各地人力资源社会保障部门要加强人力资源市场和职业培训机构监管，依法查处“黑中介”和未经许可擅自从事职业培训业务等各类侵害就业权益的违法行为，杜绝公共就业人才服务机构以培训、求职、职业指导等名义，捆绑推荐信贷服务。涉及校园网贷整治相关事项，有关部门应按照银监发47号文要求抓好贯彻落实。

请各地区、各有关部门认真梳理辖内校园贷规范管理工作落实情况，并于2017年6月30日前将书面报告报送银监会、教育部、人力资源社会保障部。

中国银监会　教育部　人力资源社会保障部

2017年5月27日

教育部　人力资源社会保障部关于加强中等职业学校校园文化建设的意见

教职成〔2010〕8号

各省、自治区、直辖市教育厅（教委）、人力资源社会保障厅(局)，各计划单列市教育局、人力资源社会保障（人事、劳动保障）局，新疆生产建设兵团教育局、人事局、劳动保障局：

为深入贯彻《中共中央国务院关于进一步加强和改进未成年人思想道德建设的若干意见》（中发〔2004〕8号）精神，落实教育部等六部门《关于加强和改进中等职业学校学生思想道德教育的意见》(教职成〔2009〕11号)，现就加强中等职业学校校园文化建设提出以下意见。

一、加强中等职业学校校园文化建设的总体要求

(一）充分认识加强中等职业学校校园文化建设的重要性

校园文化是学校教育的重要组成部分，是学校精神、学校活动、学校秩序和学校环境的集中体现，具有重要的育人功能。加强中等职业学校校园文化建设，对于贯彻落实党的教育方针，优化育人环境，促进中职学生全面发展具有十分重要的意义。

(二）明确加强中等职业学校校园文化建设的指导思想

以邓小平理论和“三个代表”重要思想为指导，深入贯彻落实科学发展观，坚持育人为本，德育为先，弘扬社会主义先进文化，建设平安、健康、文明、和谐校园，推动学校形成务实向上的校园文明风尚，建设体现社会主义特点、时代特征和职业学校特色的校园文化，促进学生全面发展和健康成长。

(三）中等职业学校校园文化建设要坚持的基本原则

——育人为本的原则。校园文化建设要以育人为目标，充分发

挥校园文化的导向、陶冶、凝聚、约束的教育作用。

——师生主体，校企共建的原则。师生员工是校园文化建设的主体，要充分发挥学校、行业、企业的各自优势，共同建设校园文化。

——贴近社会，贴近职业，贴近学生的原则。认真分析研究学生的思想实际和生活实际，结合专业培养目标要求，体现民族文化特点、体现行业、企业文化特征，体现时代精神，开展学生喜闻乐见、富有成效的教育教学活动。

——继承与创新相结合的原则。继承学校优秀文化传统，适应职业教育发展的新需要，不断创新，跟上时代的步伐。

二、扎实推进中等职业学校校园文化建设

（四）全面加强校风、教风、学风建设

要在规范办学行为、继承优良传统的基础上，弘扬社会主义先进文化，把社会主义核心价值体系融入学校教育教学、管理服务、实践活动的全过程，通过多种形式，建设务实向上、积极进取、敬业乐群、遵纪守法、崇尚实践的校风。要深入开展师德师风教育，提高教职员工的综合素质和育人能力，建设热爱职教、关爱学生、为人师表、教书育人、钻研业务的教风。要加强学生思想道德教育和文明行为习惯养成，严格班级和教学秩序管理，建设知荣明耻、乐观向上、热爱专业、勤奋好学、苦练技能的学风。要提炼体现学校特色和学校精神的校训，精心设计校徽，创作校歌。

（五）广泛开展丰富多彩的校园文化活动

要把学生思想道德教育和综合职业能力培养有机融入各项活动之中，开展丰富多彩、积极向上的技能竞赛、文体活动和社会实践活动。积极组织“弘扬和培育民族精神月”宣传教育活动和“文明风采”竞赛等活动。要充分利用重大节庆日、民族传统节日，开展爱国主义教育、民族团结教育。结合开学典礼、毕业典礼、升旗仪式、成人仪式、入党入团仪式等，开展特色鲜明的主题教育活动。加强对学生社团和课外兴趣小组的指导和管理，开展有益于学生身心健康的多种活动。定期组织师生参观德育基地、生产性实训基地，瞻仰革命圣地，祭扫烈士墓，参观名胜古迹；组织学生参加公益活动、志愿服务等社会实践活动，提高学生的自我教育能力和社会实践能力。

（六）高度重视校园自然环境和人文环境建设

加强校园自然环境建设，完善校园文化活动设施。校园的整体环境要做到功能齐全、安全有序、节能环保、室外绿化、室内美化、环境净化。重点加强校园人文环境建设，体现社会主义特点和时代特征，积极吸纳优秀的地域文化、民族文化和行业、企业文化，结合学校特点，突出专业培养目标，集中反映学校的办学理念和学校精神。充分发挥板报、橱窗、图书馆、陈列室及模拟职业场景的宣传作用和校训、校徽、校歌、校报及校史等对学生的激励作用。精心布置各种场所，张贴富有职业特色的标语、名言以及劳动模范、创业典型、技术能手、优秀毕业生的画像，建造具有专业特色的雕塑、碑铭等，使校园的一草一木、一砖一石都有利于学生明确职业发展方向，增强就业创业信心。

（七）积极推动优秀企业文化进校园

积极推进校企合作，引进和融合优秀企业文化，促使学生养成良好的职业道德和职业行为习惯，帮助学生顺利实现从学校到企业的跨越。加强学校教室环境建设，使之成为职业氛围浓厚、专业特色鲜明的学习场所。重视实习实训基地环境建设，通过展示企业生产、经营、管理、服务一线的纪律、规范、流程，展示学生在实习实训中的优秀成果，展示行业劳动模范和学校优秀毕业生的事迹，加强学生的职业养成训练，增强学生立志成才的信心。培养学生树立牢固的职业意识，提高学生适应未来工作环境的综合素质和职业能力。

（八）充分发挥校园网络的育人作用

学校要根据网络特点，按照网上信息传播规律，加强网上正面宣传，建设融思想性、职业性、知识性、服务性于一体的校园网络文化平台，积极开展健康向上、丰富多彩的网络文化活动，为师生创造良好的网络文化氛围。要加强对校园网站的管理，重点加强对校园网电子公告栏、留言板、贴吧、聊天室等交互栏目的管理，规范上网内容，杜绝各种违法有害信息在校园网上传播。要教育师生自觉遵守网络法规及有关规定，文明上网、依法上网。要密切关注网上动态，了解学生思想状况，加强网上与学生的沟通与交流。

三、加强中等职业学校校园文化建设的领导、管理和保障

（九）加强对校园文化建设的领导

各地教育行政部门和人力资源社会保障行政部门要会同有关部门结合本地实际，制订切实可行的校园文化建设规划，建立切合实际的校园文化建设评估指标体系，定期开展校园文化建设的指导与检查，将校园文化建设工作作为对学校综合考核的重要指标。对成绩突出的单位和个人及时给予表彰奖励。学校领导班子要把校园文化建设列入议事日程，统筹规划，组织实施校园文化建设，充分发挥学校党团组织、学生会和学生社团在校园文化建设中的作用。

（十）加强对校园文化建设的管理

学校要完善各项管理制度，加强对师生员工的教育和管理，加强对校园活动、校园设施、校园秩序和学生社团等的管理，坚决抵制各种有害文化和腐朽生活方式对学生的侵蚀和影响，坚决禁止在学校传播宗教。加强校园内部安全保卫工作，及时处理侵害学生合法权益、身心健康的事件和影响学校稳定的事端。积极争取家长和社会各方面力量支持参与校园文化建设。

（十一）加强校园文化建设的保障工作

学校主管部门要为学校校园文化建设提供必要的经费支持。学校要把校园文化建设经费列入预算，保证各项工作顺利开展。各级教育督导部门要把校园文化建设作为学校建设的重要内容，纳入中职学校综合督导评估体系。教育科研部门和学校要加强对校园文化

建设的理论研究，积极探索新形势下加强和改进校园文化建设的新思路、新举措。

各地教育行政部门、人力资源社会保障行政部门及中等职业学校要根据本意见，结合实际，制定具体实施意见或细则。

中华人民共和国教育部

人力资源和社会保障部

二〇一〇年五月二十日

关于高等学校践行监督执纪四种形态的指导意见

教党〔2016〕21号

各省、自治区、直辖市党委教育工作部门，部属各高等学校党委、纪委：

践行监督执纪四种形态，是新形势下推动全面从严治党的重大创新，是深入开展党风廉政建设和反腐败斗争的重要举措，是恢复、弘扬党的优良传统的现实要求。为推动四种形态在高等学校的贯彻落实，推动全面从严治党重大战略部署在高等学校的贯彻落实，进一步加强党的建设，深化党风廉政建设和反腐败工作，现就高等学校践行监督执纪四种形态提出如下指导意见。

一、指导思想、工作原则和目标要求

（一）指导思想

以党的十八大精神为统领，以习近平总书记系列重要讲话精神为指导，以中央纪委各项政策要求为遵循，以维护党章党规党纪、强化党内监督为重点，按照“纪严于法、纪在法前”的要求，用更高的标准、更严的纪律要求约束各级党组织和党员干部，切实加强源头治理，营造良好政治生态和育人环境，厚植党执政的政治基础。

（二）工作原则

坚持抓早抓小、防微杜渐，加强日常监管，切实抓苗头、管小节、纠小错，使党员干部知敬畏、存戒惧、奔高线；坚持动辄则咎、及时纠偏，对存在轻微违纪行为的党员干部，依纪给予轻处分或组织调整，把问题解决在初始阶段，防止小错酿成大错；坚持治病救人、防止破法，对存在严重违纪行为的党员干部，综合考虑其情节性质、后果影响、悔错纠错等情况，依纪给予重处分或作出重大职务调整，防止党员干部走上违法犯罪的道路；坚持反腐惩恶、除恶务尽，保持惩治腐败高压态势，发现严重违纪涉嫌违法犯罪的行为，做好案件检查、纪律处分和案件移送，确保高校党组织和党员队伍的纯洁性。

（三）目标要求

通过严明纪律把党的领导落到实处，抓住关键少数，管住全体党员，实现惩处极少数、教育大多数的政治效果和社会效果。

二、加强日常监管，让咬耳扯袖、红脸出汗成为常态

（四）经常谈心交心

学校各级党组织、纪检部门和领导干部要围绕纪律、作风、思想等方面情况，经常与党员干部谈心交心，开展深入细致的思想政治工作，帮助解决思想问题和实际困难。学校党委书记每半年至少要与班子成员进行一次谈心活动，要定期与下属单位、部门主要负责人进行谈心活动，党委其他成员每年要与分管部门领导班子成员、联系单位主要负责人进行一次谈心活动。对涉及选人用人、财务管理、科研经费、基建工程、物资采购、校办企业等重点领域和重点岗位的领导干部要进行重点谈心交心。对于党委班子成员以及下属单位、部门主要负责人违反党规党纪的一些现象、苗头性问题，往往被视作作风、小节或疑似违纪的问题，党委书记、分管或联系的班子成员听到看到后都要及时询问提醒。

（五）适时开展通报批评、民主生活会上自我剖析

对经核查确有轻微违规违纪行为的党员干部、巡视中发现的违反党纪党规的问题、领导干部经济责任审计中发现的问题，要在一定范围的内部会议上点名批评、民主生活会上作批评和自我批评，提出整改措施。学校党委每年至少召开一次民主生活会。民主生活会后 15 个工作日内向教育部党组报送会议情况报告和会议记录。

（六）加强谈话力度

针对有群众反映，可信程度较强，属于违纪或严重违纪情形，

但不明显涉嫌违法的，可以对被反映人进行谈话，或者在初核基础上进行谈话。谈话主要由党委、组织人事部门进行。涉及下属单位、部门主要负责人，可视具体情况，由纪委建议学校党委负责人进行谈话，谈话情况要向学校党委书记报告。

（七）扩大函询覆盖面

针对有群众反映，但比较笼统，需要本人书面说明情况的，或有必要以这种方式提醒、提示干部群众在关注着对象的某种问题，可按照中央纪委和中央组织部的有关规定对被反映的党员干部进行函询，让本人实事求是地说明情况。说明材料要由所在党组织书记签字背书。对下属单位、部门主要负责人函询予以了结的，党委书记或分管领导还要对被函询的党员干部进行谈话。学校党委每年要按照不低于20%的比例，对函询结果进行核实验证，并存入干部廉政档案。

三、做到违纪必究，让党纪轻处分和组织调整成为大多数

（八）给予轻处分

从盯违法向盯违纪转变，对轻微违纪的党员给予党内警告或党内严重警告处分。对指向性明确的问题和线索，各级党组织或纪检部门要按照规定程序做好核查。核查发现轻微违纪的，要按照《中国共产党纪律处分条例》及时给予党纪处分。党员受到党内警告处分一年内、受到严重警告处分一年半内，不得在党内提升职务或向党外组织推荐担任高于其原任职务的党外职务。

（九）进行组织调整

对信访举报较多、群众意见较大、造成不良影响、不适宜再担任现职务的干部，要及时进行组织调整。组织人事部门和纪检部门，要根据党员的违纪事实、性质和危害，依规依纪向党组织提出调整岗位、引咎辞职、责令辞职、免职等组织调整建议。对群众反映大并造成不良影响，或虽构成违纪但根据有关规定免予党纪处分的党员干部，要进行诫勉谈话。对下属单位、部门主要负责人和班

子成员，应视具体情况，分别由学校党委书记或分管班子成员、纪委主要负责同志进行诫勉谈话，组织人事部门和纪委派人参加。学校党委纪委要建立诫勉档案管理制度，按照有关规定将诫勉情况作为党员干部考核、任免、奖惩的重要依据。同时要求被反映的党员干部写出情况说明或作出检查。个人说明、检查材料存入干部廉政档案。对具有一定代表性、倾向性和警示意义的问题，在一定范围内通报。

四、提高审查时效，让重处分和重大职务调整成为少数

（十）给予重处分

以违纪问题为重点，提高审查时效，做到快查快结。对问题性质比较严重、又不能向组织讲清楚问题的党员，要按照《中国共产党纪律处分条例》给予撤销党内职务、留党察看、开除党籍处分。受到撤销党内职务处分的党员，或者应当受到撤销党内职务处分但是本人没有担任党内职务而被给予严重警告处分的党员，以及受到留党察看处分恢复党员权利后的党员，二年内不得在党内担任或向党外组织推荐担任与其原任职务相当或高于原任职务的职务。

（十一）进行重大职务调整

对违纪问题性质比较严重、又不能向组织讲清楚问题的党员，在按照规定给予党纪重处分的同时可对其进行重大职务调整。对于受到党纪重处分的党员，仍在党外组织担任职务的，应当建议党外组织依照规定作出相应处理。

五、保持高压态势，让严重违纪涉嫌违法立案审查的成为极极少数

（十二）突出惩处重点

要力度不减、节奏不变地持续保持遏制腐败的高压态势。重点查处党的十八大后不收敛不收手，问题线索反映集中、群众反映强烈，现在重要岗位且可能还要提拔使用的领导干部的问题，特别是对以上三类情况集于一身的必须严肃审查。要聚焦违纪问题，规范

执纪审理工作，在认真审核违纪事实、证据的基础上，加强对党纪条规适用和处理方式的审核把关。

（十三）做好纪法衔接

对于受到党纪追究，涉嫌违法犯罪的党员，应当及时移送有关国家机关依法处理；需要给予行政处分或者其他纪律处分的，应当向有关机关或者组织提出建议。对于党组织在纪律审查中发现党员有贪污贿赂、失职渎职等刑法规定的行为涉嫌犯罪的，或者有刑法规定的行为，虽不涉及犯罪但须追究党纪责任的，或者有其他违法行为，影响党的形象，损害党、国家和人民利益的，要分别按照《中国共产党纪律处分条例》第 27 条至 29 条给予纪律处分。

六、落实责任，务求实效

（十四）切实履行责任

学校党委要把践行四种形态作为落实管党治党主体责任的重要方式，作为关心爱护党员干部的重要手段，加强领导，及时听取有关情况的汇报，旗帜鲜明支持纪委开展工作，把践行四种形态的情况纳入向教育部党组报送的落实主体责任情况报告。领导班子成员要把践行四种形态作为落实一岗双责的重要内容，对管辖范围内的政治生态和干部健康成长负责，把践行四种形态情况纳入年度述职述廉述责内容。学校纪委要把践行四种形态作为检验工作的标准，切实履行监督责任，聚焦“六大纪律”严肃监督执纪问责，把践行四种形态情况纳入落实监督责任情况的报告向中央纪委驻教育部纪检组报告。纪检干部要敢于担当，增强履职能力，在大是大非和原则性问题面前保持定力、旗帜鲜明，做到忠诚、干净、担当。学校党委要层层传导压力，督促指导各级党组织、各职能部门以及各级领导干部按照分工履行好各自责任，形成统筹推进、齐抓共管、层层落实的良好局面。

（十五）建立长效机制

学校党委、纪委要积极探索纪律教育经常化、制度化的途径，健全谈心、谈话、函询、民主生活会等相关制度。要强化党内监督，坚持民主集中制，指导、督促各级党组织规范党内政治生活。要完善信访举报受理、问题线索管理、纪律审查和案件审理制度，明确执纪重点、规范执纪流程、转变执纪方式、提升执纪效果。

（十六）强化追责问责

学校党委、纪委要把追责问责作为全面从严治党的重要抓手，对执行党的路线方针政策不力、严重违反政治纪律和政治规矩，职责范围内发生区域性、系统性严重违纪违法案件的，管党治党主体责任缺失、监督责任缺位的，要严肃追责问责；对组织涣散、纪律松弛、“四风”问题突出的，对苗头性、倾向性问题失察失管的，也要进行责任追究。追责问责要综合运用批评教育、诫勉谈话、组织处理、纪律处分等措施。

学校党委、纪委在践行四种形态过程中要做到宽严相济，注重教育感化。认真把握《中国共产党纪律处分条例》第四条规定的党要管党、从严治党，党纪面前一律平等，实事求是，民主集中制和惩前毖后、治病救人的五项原则，提高思想政治水准和把握政策能力，充分发挥理想信念和政策的感化教育作用。做好挽救和四种形态的转化工作，通过纪律审查、思想教育让犯有严重错误的同志认识错误、幡然悔悟、主动改正。对于问题界于相邻两种形态之间的，要力求通过本人的觉悟和组织的帮助，使其彻底整改、重建忠诚，从后一种形态向前一种形态转化。

各高等学校要结合本单位实际，制定贯彻落实的实施办法，让践行监督执纪四种形态工作在高等学校切实取得实效。在执行过程中的重要情况和建议，要及时报告教育部。

中共教育部党组
中央纪委驻教育部纪检组
2016 年 5 月 13 日